الدبلوماسية العربية
تجاه الأزمة العراقية
2007-2001

تأليف
أسعد فلاح إبراهيم اللصاصمة

المملكة الأردنية الهاشمية
رقم الإيداع لدى دائرة
المكتبة الوطنية
(2009/12/5412)

956.305
اللصاصمة، أسعد فلاح
الدبلوماسية العربية تجاه الأزمة العراقية 2001 - 2007 / أسعد فلاح اللصاصمة
عمان : دار جليس الزمان 2009.
(   )ص.
ر.أ.: (2010/12/5412)
الواصفات: الأوضاع السياسية/ الدبلوماسية/ الحرب/ العراق

- أعدت دائرة المكتبة الوطنية بيانات الفهرسة والتصنيف الأولية

ردمك ISBN 978-9957-81-073-3

الطبعة الأولى

2010

الناشر

دار جليس الزمان للنشر والتوزيع

شارع الملكة رانيا- مقابل كلية الزراعة- عمارة العساف- الطابق الأرضي، هاتف:

0096265356219 -- فاكس 009626 5343052

الإهـــداء

إلى : روح والديّ
وإلى روح صديقي الشهيد زيد المجالي
و إلـى زوجتي الغالية
وإلى أبنتي الجميلة نـور
والى رفيقيّ الرحلة ، أخـي وأختي
والى عينيّ ، ميس ولميس
بنات أخي
والى كل أصدقائي
إلى كل هؤلاء أهدي هذا الكتاب

أسعد اللصاصمة

المقدمة

تُعَدُّ الدبلوماسية أحـد أهـم المـداخل لفهـم مجريـات الواقـع الـدولي، فالعـاملون في الدبلوماسـية هـم الأقـدر عـلى فهـم التحـولات الدوليـة وأسبابها، وذلـك بحكـم التصـاقهم بالمستجدات واقترابهم مـن صناع ومتخذي القرار فهم الذين ينتقلـون بـين العواصـم ويلتقـون بالزعماء والرؤساء والوزراء والمسؤولين على كافة المستويات.

ولقد كان مـن جـراء تطـور العلاقـات الـدولية وتطـور وسائـل الاتصال والمواصلات أن أصبحت الدبلوماسية مـن الوسائـل المهمة لحمـاية المصالح الدولية، فلم تعد الحروب وسيلة لتحقيق مصالح الدول وأهدافها بل أصبح للدبلوماسية دور مهـم قـد يفوق جميـع وسائـل الإكراه الأخرى وبسبب تطور القواعد الدولية المنظمة للعلاقـات الدبلوماسية فقد جعلت منها موضوعاً قائماً بذاته، وبدأ يستقل عن قواعد القانون الدولي العام ليصبح قانوناً مستقلاً يطلق عليه القانون الدبلوماسي، فلم تعد الدبلوماسية وسيلة لإدارة العلاقات السياسية بـين الدول بل إن مهمتها تعدت لتشمل إدارة الأعمال الاقتصادية والعلمية والثقافية والإنسانية بين الدول، وأصبحت ضرورية حتى في حالة نشوب الحرب بين الـدول، خاصة عندما يتعلق الأمـر بتطبيـق قواعد القانون الـدولي الإنساني، حيـث تلجـأ الـدول المتحاربة إلى القنـوات الدبلوماسية للإتفاق على تنظيم قواعد الحرب البرية والبحرية والجوية والأسلحة التي يحرّم استخدامها وتبـادل الأسرى ووقـف القتـال والهدنة والصلح وغيرهـا مـن القواعـد المتعلقـة بالحرب، فتلك الموضوعات لا يمكن الوصول إليها إلا عن طريق الوسائل الدبلوماسية.

وبالتالي لم تعد الدبلوماسية أداة للسياسة الخارجية بين الدول فحسب، بل أصبحت تمثل سلوكاً إنسانيا لتنظيم العلاقات بين أفراد المجتمع أيضاً، ولهذا فقد أولت الدول المتطورة هذا الموضوع مزيداً من الاهتمام، فأنشأت العديد من المعاهد والمراكز العلمية، وأصبحت الدبلوماسية من الموضوعات العلمية التي تدرس في غالبية الجامعات، وخاصة في الكليات المختصة في العلوم القانونية والسياسية والإعلامية.

ونتيجةً لتطور العلاقات الدولية واتساع مجالات الدبلوماسية بحيث لم تعد تقتصر على المجال السياسي بل تعدته إلى المجالات الثقافية والاقتصادية والإنسانية، الأمر الذي أنعكس على الدبلوماسية العربية من حيث قدرتها على استيعاب التغيرات التي حدثت وتحدث في البيئة الدولية، وخاصة ازدياد الحاجة إلى الاعتماد المتبادل بين أطراف النظام الدولي، فموارد كل دولة بمفردها أو مهاراتها التكنولوجية وحدها تبقى محدودة و لا تشبع حجم الرغبة المتزايد أو الأخطار المتفاقمة في العديد من المجالات، وأصبح الخطر يعبر القوميات وحدود الأقطار وتمتد آثاره إلى كل مكان.

وأمام تعدد القضايا والأزمات وتشعبها وتعقدها، فقد اتسع جدول أعمال الدبلوماسية العربية، الأمر الذي يتطلب من الدبلوماسية العربية طرح كافة الاحتمالات للتعامل مع التحولات التي يشهدها النظام الدولي وخاصة فيما يتعلق بتطورات العلاقات الدولية وبروز قوى عظمى جديدة وتكتلات اقتصادية ضخمة، وإعادة ترتيب للتحالفات وتغير الأوزان النسبية للدول والمناطق في العلاقات الدولية.

ومن هنا تتجه الأنظار إلى الدبلوماسية العربية، وإلى المهام المناطة بها، فالدبلوماسية: لغة الحوار وأداة التواصل المباشرة مع الآخر للتعريف بالذات والدفاع عن القضايا، وخلق حالة وثقافة سلام تتحقق في ظلها مصالح الجميع، ولكن هناك العديد من التحديات والعقبات التي تواجه الدبلوماسية العربية، وربما تدفع لليأس والإحباط، وهو الأمر السائد عربياً على كافة المستويات، وعلى الرغم من وجود دبلوماسيين عرب، إلا أن الوطن العربي يفتقد إلى العمل العربي المشترك لتأسيس مدرسة عربية للدبلوماسية، الأمر الذي أدى إلى عدم وجود مشروع ذي استراتيجيات ورؤى تعمل الدبلوماسية العربية على تبنيها والدفاع عنها.

وبالتالي فإن المشكلة ليست مشكلة الدبلوماسية بقدر ما هي مشكلة الجسم العربي الذي تعبر عنه وتنطلق منه الدبلوماسية، ويظهر ذلك من خلال الحديث عن الدبلوماسية العربية الشاملة، حيث يمكن هنا طرح الأسئلة التالية التي سوف يتم الإجابة عليها من خلال هذا الكتاب : هل هناك دبلوماسية جماعية عربية؟ وهل هناك توافق بين السياسة الجماعية العربية إن وجدت وبين السياسة القطرية لكل دولة؟.

أما بالنسبة للدبلوماسية الجماعية العربية تجاه الحرب على العراق، فهي في الواقع شهدت نوعاً من الانحدار التدريجي من قمة بيروت (2002م) إلى قمة شرم الشيخ (2003م)، وسبب ذلك ليس انعداماً في التقنية الدبلوماسية لدى العرب، وإنما يرجع إلى عمق خلافهم السياسي الذي جعل سياستهم تتعطل، فلم تبادر الدول العربية بعد انتهاء هذه الحرب إلى محاولة إعادة بناء أرضية مشتركة لمنع الشرخ الذي حدث خلال الحرب على العراق من الاتساع في مرحلة البداية.

وفيما يتعلق بالدبلوماسية العربية القطرية، فهي في الواقع كانت تنطلق من معطيات أكثر واقعية، فلقد انطلقت من فكرة أن الحرب محتمة حيث كانت تحاول أن تنظر إلى مرحلة ما بعد الحرب على العراق، وربما كانت تحاول جاهدة أن تحصر الغضب الأمريكي بالنظام العربي بشكل عام دون غيره، حتى لا تصلها شظايا الحرب المعلنة على العراق، وتصيب أهدافاً تتجاوز الحالة العراقية.

ومن هنا يجب علينا تقييم أداء الدبلوماسية العربية تجاه الأزمة العراقية وخاصة أن العمل الدبلوماسي أصبح أكثر أهمية في عالمنا المعاصر من أي وقت آخر، وخصوصاً مع بروز دور الدبلوماسية الشعبية، وتداخل المصالح والروابط المجتمعية عبر القارات، وانكماش العالم وانحسار مبدأ السيادة بفعل قوى العولمة وثورة وسائل الاتصال التي أدت إلى تغييرات في جميع المجالات والأدوار والمهام بما في ذلك أدوار ومهام الدبلوماسية والدبلوماسيين معاً، ولقد أدى التقدم في مجالات التكنولوجيا والعلوم وانتشار التخصصات الفنية الدقيقة إلى تغيير المفاهيم والمسلمات الدبلوماسية.

وإدراكاً بأهمية دور الدبلوماسية العربية خلال هذه المرحلة الحرجة من العمل السياسي العربي بعد الحرب على العراق، فإن الأمر يتطلب التعرف على طبيعة هذا الدور، فهل كان سلبياً أم ايجابياً؟ وهل كانت الدبلوماسية العربية تجاه الأزمة العراقية تتسم بالضعف أم لا؟ وإذا كانت ضعيفة، فما هي الأسباب وراء ذلك؟ وهل كانت على مستوى جسامة وخطورة الحدث؟ وغيرها من الاستفسارات التي سوف يتم الإجابة عنها من خلال هذا الكتاب.

لقد أصبح للدراسات الدبلوماسية مكانة خاصة مع تطور العلاقات الدولية ولا سيما في الفترة الأخيرة، وتنبع أهمية دراسة الدبلوماسية العربية تجاه الأزمة العراقية، من خلال مجموعة من الأسباب التي تشكل حجر الأساس في هذا الكتاب انطلاقاً من تركيزها على محورين مهمين هما: الدبلوماسية العربية ومدى فعاليتها وقدرتها على التعامل مع الأزمة العراقية، والمحور الثاني يدور حول الأزمة العراقية وتأثيرها على النظام الإقليمي العربي والنظام الدولي ومدى انعكاس ذلك على سلوك الدبلوماسية العربية.

الفصل الأول

1- مرحلة ما قبل الحرب على العراق.

2- مرحلة ما بعد الحرب على العراق.

3- مفاهيم أساسية.

أولاً: الدبلوماسية.

ثانياً: الدبلوماسية العربية.

ثالثاً: الأزمة العراقية.

رابعاً: النظام الإقليمي العربي.

4- نظرية اتخاذ القرار.

1- مرحلة ما قبل الحرب على العراق:

حيث بدأت المؤشرات الأولية لهذه الحرب بالظهور غداة أحداث الحادي عشرـ مـن أيلـول لعام 2001م، وبعد ذلك بـدأت الولايـات المتحدة في تصعيد حملتها السياسية ضد نظام الرئيس العراقي السابق صدام حسين في مطلع خريف عام 2002م، بالإضافة إلى تركيـز هـذه الفترة على تهديد الولايات المتحدة الأمريكية لشن الحرب على العراق بحجة أسلحة الـدمار الشامل العراقية، دون أن تستطيع الدبلوماسية العربية من منع نشوب هذه الحرب.

2- فترة ما بعد الحرب على العراق:

هذه الفترة كشفت مدى ضعف الدبلوماسية العربية، حيـث كـان النظـام الإقليمي العربي يمر بأزمة حادة، بسبب مواقف تاريخية وسياسية متعددة، كان من بينها التناقض بـين مواقف الدول العربية من هـذه الحرب، هذا التناقض الذي كان أساسـه تشرذم هـذه الـدول وعدم قدرتها على إقامة نظام إقليمي عربي (جامعة الدول العربية) قـوي لـه حضـور علـى الساحة الدولية، خلال فترة الإعداد للحرب، وخلال الحرب ذاتها كانت مواقف الدول العربيـة تتفاوت ما بـين دول وضعت نفسها وأرضها في خدمـة العـدوان ومنها انطلقت الطـائرات والصواريخ والجيوش، ودول قدمـت خدمات لوجستية للجيـوش الغازية، ودول نأت بنفسها من التدخل، وأخرى أعلنـت وقوفها إلى جانب الشعب العراقـي وأدانـت العـدوان دون أن تستطيع أن تفعل شيئاً.

3- مفاهيم أساسية:

أولاً – الدبلوماسية:

الدبلوماسية كلمة يونــانية الأصل وهــي مشــتقة مـن اسم دبلومـا (Diploma)
المأخوذة من الفعـل دبلـوم (Diplom)، وكانت تعنـي الوثيقـة التي تصـدر عـن أصحـاب
السلطة والـرؤساء السياسيين للمدن وتمنح حاملها امتيازات معينة، وقـد استخدمها الرومـان
فيما بعد للإشارة إلى الوثيقة المطوية، حيث كانت الوثائق الرسمية لـديهم (الرومـان) تنسـخ
على ألواح معدنية تطوى بشكل خاص، وتعطي بعض الامتيازات لمـن يحملها مثل جـوازات
السفـر أو الاتفـاقات التي تعقـد لتـرتيب العلاقـات مع الجماعـات الأجنبيـة الأخـرى
(الرشدان والموسى، 2005 ، ص15).

وعند الحديث عن تعريف الدبلوماسية نجد الكثير من الباحثين والمتخصصين في العلـوم
السياسية متفقين على عدم وجود تعريف محدد للدبلوماسية، بحيث تتعدد التعاريف بتعدد
الباحثين فهناك من يعرف الدبلوماسية على أنها:

"" مجموعة القواعد والأعراف الدولية والإجراءات والمراسـم والشكليات التـي تهتم
بتنظيم العلاقـات بـين أشخـاص القانون الـدولي (الـدول، المنظمات الدولية، الممثلين
الدبلوماسيين) مع بيان مدى حقوقهم وواجباتهم وامتيازاتهم وشروط ممارستهم لمهامهم
الرسمية والفصول التي يترتب عليهم إتباعها لتطبيق أحكـام القانون الدولي ومبادئه،
والتوفيق بين مصالح الـدول المتباينة كما هي، وفن إجراء المفاوضات السياسية في المؤتمرات
والاجتماعات الدولية وعقد الاتفاقيات والمعاهدات (مجدلاوي، 2004، ص 19).

وهناك من يعرف الدبلوماسية بأنها:

"" أداة وأسلوب تسيير وتنظيم العلاقات الدولية لأشخاص المجتمع الدولي لدى بعضهم البعض وبما يتماشى مع مصالحهم "" (خلف، 1996، ص80).

ويرى بعضهم الآخر أن الدبلوماسية هي:

"" علم العلاقات الدولية وفن التعامل مع الشيء "" (حلمي،1976، ص5).

ويرى البعض أن الدبلوماسية "" هي إدارة العلاقات الدولية عن طريق المفاوضات أو عن طريق معالجة وإدارة هذه العلاقات بواسطة السفراء والممثلين الدبلوماسيين فهي علم وفن "" (Nicholson. 1969.p17).

والبعض يعرف الدبلوماسية "" أنها تطبيق الحيلة والذكاء في إدارة العلاقات الرسمية بين الحكومات والدول المستقلة "" (Satow.1958.p17).

ثانياً – الدبلوماسية العربية:

يدور هذا المفهوم حول اعتبار الدبلوماسية العربية أحد أهم المداخل لفهم مجريات الواقع الدولي، والتعرف إلى الاتجاهات الدبلوماسية العربية المستقبلية في ظل قضايا متجددة وتحديات متراكمة، وتعتبر الدبلوماسية العربية أيضاً مدخلاً إلى فهم المجريات والتحولات في الواقع العربي بين عقودٍ كان يسودها الاعتزاز بالإنتماء إلى أمة واحدة وقومية مشتركة، وبين الوقت الراهن الذي حدثت فيه خلافات وصراعات وتصدعات في العمل العربي المشترك وفي مؤسساته الحيوية، بما في ذلك التهديد بالانسحاب من جامعة الدول العربية واحتلال العراق كبلد عضو في جامعة الدول العربية، فالدبلوماسية العربية هي انعكاس للواقع الوطني والقومي العربي، ومن ثم فإن إصلاحها يرتبط

بإصلاح هذا الواقع في جوانبه السياسية والاقتصادية والاجتماعية (الإبراهيمـي وآخـرون، 2003، ص8-12).

ثالثاً – الأزمة العراقية:

عند الحديث عن مفهوم الأزمة العراقية يمكن القـول أن هـذه الأزمـة هـي أزمة مركبة متعددة الأبعاد، وربما هـي الأزمة الأولى أو الثانية التي تضرب النظام العربي في الصميم، فهذه الأزمة تجسد تطابقاً غير مسبوق بين المشروع الأمريكي للهيمنة على العالم والمشروع الإسرائيلي على المنطقة، وإن تدمير واحتلال العراق لـيس الهـدف في حد ذاتـه، بـل هـي بداية لإعـادة تشكيل خارطة منطقة الشرق الأوسط، فهذه الأزمـة هـي أزمة تواجـه النظام العربي بكل أطرافه ومكوناته، حيث أظهرت هـذه الأزمة مدى عجـز النظام العربي علـى احتـواء الأزمـات والتكيف معها، كما كشفت هذه الأزمة عن تزايـد دور العوامـل الخارجيـة في تحـديد نمـط العلاقات العربية – العـربية بشكل غير مسبوق وتراجـع دور دول القلـب في النظـام العربي لصالح دول الهـامش (نافعة، 2003، ص1- 2).

ولقـد بدأت الأزمة العراقية فعليـاً بعد أحداث الحـادي عشر ـ من أيلـول 2001م، حيـث أدت هذه الأحداث إلى تقسيم العالم وفقاً لمعايير أمريكية واضحة وغير متفق عليها دوليـاً واعتبرت الولايات المتحدة الأمريكية وبريطانيا هذه الأحداث فرصة ذهبية لـربط العراق بهذه الأحداث، وتصنيفها ضمن محور الشرـ كـدولة راعيـة لـلإرهاب، الأمـر الـذي أدى إلى تصميم الولايات المتحدة الأمـريكية على ضـرب العراق، بعـد تعمدها

إفشـال مسـاعي الأمـم المتحـدة، ومهمـة فـريق التفتـيش الـدولـي عـلى أسلحـة الدمـار الشـامـل (مجدلاوي، 2004، ص 114- 116).

رابعاً – النظام الإقليمي العربي:

في البداية إن مفهـوم النظـام الإقليمـي بمعنـاه العلمـي، وكمسـتوى لتحليل العـلاقات الدولية، هـو مفهوم حـديث لم تتـداوله الدراسات إلا في الستينات والسبعينات مـن القرن العشرين وإن كان يمكن إرجاع جذوره في الفكر السيـاسي المتعلـق بالشـؤون الـدولية إلـى زمـن بعيـد، حيـث كان مفهوم الإقليميـة أحـد المـوضوعات الأسـاسية في مجـال التنظيـم الـدولي (مطر و هلال، 1986، ص22).

يشير مفهوم النظام الإقليمي العربي إلى تلك المنظومة التي تضم البلاد العربية وتمتد مـن موريتانيا غربـاً إلى الخليج العربي شرقـاً، حيـث يرتبط أعضاؤها بوحدة الإقليم الجغرافي المتصل، والتماثل في العرق واللغة والثقافـة والـدين والعـادات الاجتماعيـة والتاريخ المشـترك، بحيـث تشكل هذه العناصر مجتمعة في تكاملها وتفاعلها هوية خاصة تميزه هي: (الهوية العربية)، كما يتوفر الإطار التنظيمي المعبر عن هذا النظـام الإقليمي العربي والمتمثل بجامعة الـدول العربية مما جعل منه نظامـاً إقليميـاً متكاملاً ومتميزاً بكل ما للكلمة من معنى، حيث تتوافر فيه جميع الشروط والركائز والعناصر الأسـاسية المكونة للنظام الإقليمي، والتي اشتملت عليهـا جميع التعريفات التي قدمها الدارسون لمفهوم النظام الإقليمي مما يعني أن النظام الإقليمي العربي بهذا المفهوم تنطبق عليه المناهج الثلاثة الرئيسية في تعريف النظم الإقليمية.

فبالنسبة لخاصية التواصل الجغرافي التي من الضروري توافرها عند الحديث عن أي نظام إقليمي، نجد أن البلاد العربية تشكل إقليماً واحداً ممتداً ومتماسك الأجزاء وواضح المعالم، وأما فيما يتعلق بخاصية التماثل فإن البلاد العربية تتمتع بالعديد من عناصر التشابه التاريخية والاقتصادية والاجتماعية، التي جعلت من النظام العربي نظاماً قومياً عربياً وليس نظاماً إقليمياً بالمعنى الجغرافي فقط، وأما خاصية التفاعلات، فإن البلاد العربية تشهد تدفقاً مستمراً وكثيفاً للتفاعلات فيما بينها حيث تعتبر خاصية التفاعل العامل الحيوي في أي نظام إقليمي، وتعمل القومية العربية على عدم جعل التفاعل بين أجزاء النظام العربي بمثابة علاقات بين دول فحسب، ولكنه يعطيها "" قيمة رمزية "" فالعلاقات بين البلاد العربية لا ينظر إليها عادة على أنها علاقات دولية بالمعنى المتعارف عليه، ولكن على أنها علاقات ذات طبيعة خاصة ومن ثم فإنها لا تخضع للقواعد نفسها التي تخضع لها العلاقة مع الدول الأخرى (مطر و هلال، 1986، ص 23- 36) .

وإن وصف النظام الإقليمي العربي بأنه نظام قومي عربي يأتي في سياق التأكيد على أنه لا يشير إلى إقليم جغرافي فقط، وإنما يعكس المصطلح نفسه "" توجهاً سياسياً نظامياً يستند إلى تجانس فريد ذي عمق حضاري لذلك يبدو المفهوم أكثر حيوية لتصفية التجزؤ إلى دول مستقلة ذات سيادة، ولاستبعاد دول أخرى في المنطقة من الدخول فيه (ياسين، 1986، ص151).

4- نظرية اتخاذ القرار:

تعددت النظريات المتعلقة بدراسة العلاقات الدولية وذلك بتعدد المفكرين والمدارس السياسية، وفي هذا الكتاب سوف يتم تطبيق نظرية اتخاذ القرارات الخارجية التي نستطيع من خلالها التعرف على العوامل والمتغيرات الرئيسية المؤثرة على سلوك الدبلوماسية العربية تجاه الأزمة العراقية في ظل نظام إقليمي عربي تسوده حالة من التضامن والتعاون أحياناً أو قد يسوده حالة من الصراع والتفكك والتنافس أحياناً أخرى.

وإن نظرية اتخاذ القرار المرتبطة بتحليل السياسة الخارجية في العلاقات الدولية لها اهتماماتها بالعوامل البشرية أكثر من خيار السياسة الخارجية، فبعيداً عن الأنظمة الاستنباطية للعامل العام، كالموجود في نظرية اللعبة، فان العامل البشري المفصل والمحدد هو مطلوب أيضاً، بالإضافة إلى هذا التركيز، فإن منهج صنع القرار يعمل على تجميع المعلومات من مختلف المستويات وتركيبها في نمط متوازي كما يقوم صانعو القرار بذلك.

إن مثل هذه النظرية جديرة بالاهتمام لقدرتها ليس فقط على التعامل مع مستويات التحليل المختلفة، ولكن من خلال التعامل مع الاهتمامات البشرية المتمثلة بالمعرفة والأنشطة المتعلقة بالشؤون الدولية، وإن هذه النظرية يمكن أن تقدم بعض الارتباطات الضرورية منها: تكامل الأمور المختلفة على المستويين القومي والقومي المميز لتحليل وجهات النظر التقليدية والعلاقات الدولية مع الأمور المختلفة على المستوى الأقل قومية للتحليل التقليدي والسياسات المقارنة (snider, 1962, p1).

ويمكن تعريف نظرية اتخاذ القرارات الخارجية على أنها: تلك العملية التي يتم من خلالها التوصل إلى صيغة عمل معقولة من بين عدة بدائل متنافسة، بحيث تكون القرارات ترمي إلى تحقيق أهداف معينة أو تفادي حدوث نتائج غير مرغوب فيها، وإن عملية اتخاذ القرارات هي عملية جماعية متكاملة، تمثل ذروة التفاعل والتشاور الذي يتم على عـدد مـن المستويات التنظيمية ذات الصلة بهذه العملية المعقدة (مقلد، 1991، ص273- 274).

وهناك من يعرف نظرية اتخاذ القرار الخارجية: إنها الدراسة المتفحصة والشاملة لمختلف العناصر التي يجب أن تؤخذ في الاعتبار عند تحليل سياسة معينة سواء بشكل عـام أو في لحظة معينة، أي أن النظرية تعمل على تحديد عـدد كبير مـن المتغيرات المتعلقـة بالموقف، ثم تسعى لتحديد العلاقة – بشكل مفيد بين هذه المتغيرات، ويركز هـذا التعريـف على أن نظرية اتخاذ القرار تلعب دوراً مهماً في كشف العديد من الجوانب الهامة في السياسة كما أنها تفيد البحوث التي تسعى لـدراسة الأفـراد – صنّـاع القرار- بشكل أفضل كثيراً مـن النظريات الأخرى (دورتي و بالستغراف، 1985، ص307).

أما المعجم الحديث للتحليل السياسي فيعرف هذه النظرية بأنها: عمليـة تحليـل النظم والعمليات السياسية والسلوك السياسي الذي يعنى بتطوير مبادئ الاختيار العقلاني للحالات حيث يمكن أن تنسب التكاليف والمنافع والاحتمالات الكمية المقارنة المتبادلة إلى النتائج المختلفة (GEOFFRE ,1999 pp120-122,).

1.1.2 الأسباب التي دعت إلى استخدام النظرية:

تُعَدُّ هذه النظرية منهجاً علمياً يقدم مجموعة من المفاهيم التي يمكن من خلاله التعرف على متغيرات الدراسة، بالإضافة إلى أنها تركز على البيئة الخارجية بكل أبعادها وحقائقها وضغوطها ومؤثراتها، بحيث كلما زاد ضغط البيئة الخارجية قلت إمكانات التصرف وتناقصت فرص الاختيار أمام الأجهزة المسؤولة عن اتخاذ القرارات، ولعل هذا ينطبق وبشكل كبير على الدبلوماسية العربية تجاه الأزمة العراقية من حيث تعرضها لضغط البيئة الخارجية للحد من دورها الدبلوماسي تجاه العراق.

بالإضافة إلى أن هذه النظرية تركز على البيئة الداخلية للقرار وتتكون من الأوضاع الاجتماعية السائدة، ومن النظام السياسي والاقتصادي للدولة، ومن الأسباب الأخرى التي دعت إلى استخدام هذه النظرية هو تركيزها على البحث في الكيفية التي تتفاعل بها النظم القومية (الدول) مع المؤثرات التي تأتيها وتنعكس عليها من النظام الدولي الذي تعمل في إطاره، وكذلك البحث في الكيفية التي يعبّر بها هذا التفاعل مع الواقع الدولي عن نفسه من خلال اتخاذ قرارات خارجية محددة، تبرز بها الدول اتجاهاتها وتدافع بها عن مصالحها إزاء الأطراف الدولية التي تتعامل معها، وبالتالي فإن نظرية اتخاذ القرارات الخارجية ترتبط بعلاقة عضوية وثيقة مع نظرية النظم وإن كانت الأخيرة أشمل نطاقاً وأعقد في عناصرها ومتغيراتها وتفاعلاتها.

ومن هنا يتضح لنا أن أهم الأسباب التي دعت إلى استخدام هذه النظرية أنها تتناسب وتتلاءم مع هذه الدراسة الموسومة بالدبلوماسية العربية تجاه الأزمة العراقية. ذلك لأنها توضح المتغيرات الرئيسية من حيث البيئة الخارجية

والبيئة الداخلية المحيطة بالدبلوماسية العربية المؤثرة على مواقف الدول العربية تجاه الأزمة العراقية.

2.1.2 مقولات النظرية:

تتحدث معظم مقولات هذه النظرية بحسب هولستي، وغيره من المفكرين الآخرين الذين تناولوا الحديث عن نظرية اتخاذ القرارات الخارجية، ومن هذه المقولات التي تفيد الدراسة محل البحث: (مقلد، 1982، ص157 – 190)

1. يشير هولستي إلى أن تعريف الموقف الذي تتخذ القرارات الخارجية في إطاره يتضمن النظر في كل المتغيرات الداخلية والخارجية التاريخية والمعاصرة، ويقول أنه من الصعب التعميم حول مدى الأهمية التي يتمتع بها كل متغير منها في أي موقف خارجي، حيث أن التعميم النسبي لتلك الأهمية يخضع لظروف كل واحد من هذه المواقف.

2. ويشير برويت إلى أن القرارات الخارجية التي يتوصل إليها واضعو السياسات، وما يرتبط بها من أهداف يحاولون تحقيقها من خلالها، تتوقف في الأساس على تعريفهم للموقف الخارجي، ويقول إن هذا التعريف هو في النهاية محصلة التصورات التي يحتفظ بها واضع السياسة الخارجية عن الدول الأخرى، وعن الكيفية التي ترتبط بها سلوكهم بالأهداف الخارجية لدولته.

3. أما سنايدر فيرى أن اتخاذ القرار يعني التقيد بانتهاج مسلك خارجي معين في إطار الأهداف والوسائل التي يستقر عليها جهاز صنع السياسات، ويركز (سنايدر) على موضوع الدوافع التي تكون وراء اتخاذ قرار معين إذ اعتادت التحليلات على نسبة القرار إلى الدولة بالرغم من أن دوافع الدولة منفصلة

عن دوافع أشخاص صناعة القرار الذين يتحدثون نيابة عن الدولة، ويصوغون قراراتها في إطار عقلاني، ويرى (سنايدر) أن الدوافع جزء من الحركة أو الفعل ولكنها ليست السبب الوحيد، إذ لابد من تذكر أن الدوافع لدى صانع القرار قد تكون متعددة من جهة ومتضاربة من جهة أخرى، كما أنها قد تكون كذلك بين أجهزة الدولة أو داخل الجهاز الواحد، ثم أن هذه الدوافع الدفينة داخل الفرد والمؤسسة ليست منفصلة عن الواقع الخارجي، وتكمن الصعوبة في كيفية التعرف عليها، وهنا يشير (سنايدر) إلى بعض السبل مثل الشعارات أو البيانات والتصريحات التي يدلي بها الدبلوماسيون أو الزعماء السياسيون، وهي سبل يدركها العاملون في نفس الوحدة أو النظام كما يدركها صناع القرار في الدول الأخرى لا سيما المعني منها بهذه التصريحات.

4. أما هربرت سيمون وهو من أبرز علماء الإدارة العامة، فقد اقترح استبدال السلوك المرضي بمفهوم السلوك الأمثل إذ يرى أن صانع القرار لا يضع مصفوفة تضم كل البدائل المتاحة أمامه ثم يقيس هذه البدائل طبقاً لمعاييره ويقدم الاحتمالات الممكنة لكل منها ونتائجها ثم يختار أفضلها، وإنما يرى (سيمون) أن صانع القرار يستعرض البدائل ليختار من بينها البديل الذي يحقق الحد الأدنى (ليس الأعلى) من المعايير التي يضعها مقياساً له، أي الحد الأدنى الذي يقبل به (دورتي و بالستغراف، 1985، ص317 – 323).

وتأسيساً على تحليلات سنايدر المتعلقة بآثار المقيدات الفاعلة في البيئة الدولية، أي النظام الدولي، على صناعة القرار في السياسة الخارجية من حيث إدراكها والتفاعل معها، فقد أولى بعض المحللين اهتماماً إلى واقع البيئة الدولية

كما تظهر في مدركات صناع القرار، وكما هي عليه كتفاعلات وكيف تؤثر على السياسات الخارجية (نعمة، 1999، ص 157).

3.1.2 كيفية توظيف النظرية في الدراسة:

يظهر توظيف هذه النظرية من خلال تركيزها على تحليل البيئة الخارجية والبيئة الداخلية المؤثرة على عملية اتخاذ القرارات الخارجية للدول العربية المحركة للدبلوماسية العربية تجاه التعامل مع الأزمة العراقية من خلال بيان مدى تأثير الولايات المتحدة الأمريكية والقوى الدولية الأخرى على فعالية الدبلوماسية العربية تجاه الأزمة العراقية، وبيان مواقف الدول العربية وأشكال الاتصال العربي تجاه الأزمة العراقية من خلال تحليل المتغيرات الداخلية التي تشمل الأمن القومي العربي، والاقتصاد العربي، والعلاقات العربية حيث هناك صلة واضحة بين البيئة الداخلية والبيئة الخارجية عند عملية اتخاذ القرار العربي في ظل وجود نظام دولي تهيمن عليه الولايات المتحدة الأمريكية .

الفصل الثاني

الدبلوماسية العربية
وتطورات الأزمة العراقية

الفصل الثاني
الدبلوماسية العربية
وتطورات الأزمة العراقية

1.3 ماهية الدبلوماسية العربية وخصائصها:

قبل الحديث عن الدبلوماسية العربية تجاه الأزمة العراقية وبيان المتغيرات الداخلية والخارجية المؤثرة عليها، فإنه لابد من تحديد مفهوم الدبلوماسية العربية و خصائصها.

1.1.3 مفهوم الدبلوماسية العربية:

ينصرف مفهوم الدبلوماسية العربية إلى مجمل الأنشطة التي تقوم بها الأجهزة المعنية برسم وتنفيذ السياسية العربية،أي بإدارة علاقة دولة عربية مع بقية الدول العربية، ومن الطبيعي أن تشمل هذه السياسة بعدين رئيسيين:

الأول: يتمثل في إدارة العلاقات الثنائية بين دولتين عربيتين فقط. أما الثاني فيتمثل في إدارة العلاقات الجماعية العربية، أي العلاقة مع مؤسسات العمل العربية المشترك، سواء على مستوى النظام الإقليمي العربي العام ممثلا في جامعة الدول العربية والوكالات المتخصصة المرتبطة بها، أو على مستوى النظم الإقليمية العربية الفرعية مثل: مجلس التعاون الخليجي، أو الاتحاد المغربي، وغير ذلك من المؤسسات المتشابهة.

ومن المعروف أن رئيس الدولة في النظم العربية، ملكاً كان أو رئيس جمهورية أو سلطاناً أو أميراً، هو المسؤول الأول عن رسم السياسة

الخارجية، حيث تعاونه مؤسسات مختلفة ومن أهمها في هذا المجال وزارة الخارجية من خلال وزير الخارجية باعتباره يرأس الجهاز الدبلوماسي وترتبط به كافة البعثات ويعتبر المسؤول عن تنفيذ ومتابعة السياسة المرسومة والمتفق عليها، حيث يختلف حجم وكفاءة وفاعلية دور هذا الجهاز من دولة عربية إلى أخرى، باختلاف حجم ونوعية الموارد المادية والبشرية الموضوعة تحت تصرفه.(نافعة، 2005، ص1-2).

ولقد شهدت الوظيفة الدبلوماسية تطوراً هائلاً نتيجةً لثورة المعلومات والاتصالات التي حدثت في القرن العشرين، والتي أدخلت العالم المعاصر فيما يسمى بعصر المعلومات، وقد كان لهذه التطورات انعكاسات عميقة على الحياة الإنسانية والنظام العالمي وعلى العلاقات الدولية والدبلوماسية، وأخذت قدرات الدول تتضاءل في السيطرة على المعلومات والأفكار التي تتدفق عبر حدودها، بحيث لم تعد حدود وآفاق الدبلوماسية هي الحدود والأفاق التي كان متعارفا عليها في الماضي.

كما أدى التطور الهائل في وسائل تداول المعلومات وانتشارها إلى تعدد وتنوع آثارها في الحياة السياسية والنظام العالمي، الأمر الذي انعكس بشكل كبير على تشكيل ثقافات الشعوب ومواقفها وتوجهاتها السياسية، حيث أتاح لها ذلك السيطرة على بلورة الرأي العام العالمي والرأي العام الداخلي والخارجي للدولة، ونتيجةً لذلك ازداد نفوذ هذه الوسائل وأصبح لها تأثير مباشر في عملية صنع السياسة الخارجية للدول وفي وسائل تنفيذها على الصعيد الدولي.

ولقد أدت أيضاً سرعة الاتصال الناتجة عن تطور تقنيات المعلومات والاتصال الجماهيري والمواصلات إلى تطور هائل في سرعة انتقال الأفكار والثقافة عبر الأقمار الصناعية وشبكات التلفاز الفضائية وسرعة انتقال الإنسان والخدمات، وهذا يبين مدى ما لحق بالدبلوماسية بشكل عام من تغييرات، تظهر من خلال أن الدبلوماسي كان لدية القدرة في الماضي لإجراء المفاوضات وعقد الاتفاقيات لصالح بلاده في الدولة المعتمد لديها، ولكن نتيجة لتطور المواصلات وسرعتها وسهولتها، أصبح من الممكن أن يقوم رئيس الدولة أو من يمثله بمهمة المفاوضات وعقد الاتفاقيات بشكل مباشر، الأمر الذي جعل دور الدبلوماسي يتحول من مفاوض إلى منسق للتفاوض يقوم بإعداد المعلومات ويحللها لتكون مادة مناسبة للتفاوض بين رئيس الدولة أو وزير الخارجية مع نظيره من الطرف الأخر(الرشدان و الموسى، 2005، ص 211-213).

ولقد حصلت تغييرات رئيسية في العلاقات الدولية عقب الحرب العالمية الثانية أدت بالنتيجة إلى تغير الوظيفة الدبلوماسية وتتلخص عوامل التغير في الآتي:

1.التوسع الكمي في العلاقات الدولية بزيادة عدد الدول حيث كانت قاصرة على الدول الأوربية أما بقية الدول فكانت تعيش حياتها الخاصة بعيداً عن دائرة العلاقات الدولية أو كانت تدخل ضمن دائرة الخضوع لدول أوروبا.

2. التوسع النوعي في العلاقات الدولية وذلك بزيادة الموضوعات والمسائل التي تتناولها العلاقات الدولية سواء كانت موضوعات سياسية أو اقتصادية أو اجتماعية وغيرها من الموضوعات، ولم تقف الدبلوماسية عند هذا الحد بل

أدى التقدم العلمي إلى خلق مجال واسع للتعاون في المجال الدولي ومختلف المجالات (الاقتصادية والاجتماعية والعلمية والثقافية) واتخذ شكل تكوين منظمات دولية عالمية كالأمم المتحدة، وتخصصية كالبنك الدولي للإنشاء والتعمير وصندوق النقد الدولي وغيرها، ومن ثم ظهور المنظمات الإقليمية كجامعة الدول العربية، والسوق الأوروبية المشتركة.

وقد كان لذلك تأثير مباشر على الوظيفة الدبلوماسية ويظهر ذلك من ناحيتين هما:

1. ظهور دبلوماسية المنظمات الدولية بحيث أصبحت مكاناً رحباً لعرض المشكلات الدولية ومن ثم أصبحت البعثات الدائمة للأمم المتحدة والوكالات المتخصصة من السمات المميزة للدبلوماسية الجديدة (زير، 1989، ص122-123).

2. تطور قواعد القانون الدولي الخاص بالحصانات والامتيازات الدبلوماسية والاعتراف لهذه المنظمات بالحق الايجابي والسلبي لمباشرة التمثيل الدبلوماسي، وأصبحت القواعد الخاصة بالحصانات والامتيازات الدبلوماسية مطبقة على مبعوثي المنظمات الدولية وحصانة الوفود الدائمة للدول لدى المنظمة (حسن، 2002، ص86).

ولأن العلاقات الدولية راحت تتطور وتتعقد نتيجة لتشابك وتعقد المصالح بين الدول كان من الطبيعي أن يؤدي ذلك إلى ظهور ألوان جديدة من الدبلوماسية مثل (دبلوماسية التنمية ودبلوماسية المؤتمرات والدبلوماسية الشعبية والدبلوماسية الوقائية ودبلوماسية حقوق الإنسان ودبلوماسية التسوية)، الأمر الذي انعكس على طبيعة الوظيفة الدبلوماسية ؛ فالعلاقات

الدولية لم تعد قاصرة على العلاقات الرسمية أو الدبلوماسية، وإنما أصبحت تشمل كل أنواع التدفقات العابرة للحدود بغض النظر عن أشكال ومصادر هذه التدفقات: رسمية كانت أو غير رسمية، سياسية ودبلوماسية كانت أم اقتصادية وثقافية وسياحة أو غيرها، ومع هذا التغيير الهائل في طبيعة العلاقات الدولية، وبعد أن أصبح في الإمكان أن يقوم رؤساء الدول أو وزراء الخارجية وكبار المسؤولين بالاتصال المباشر والفوري بنظرائهم في الدول المعنية، فقد فقدت الوظيفة الدبلوماسية جانباً كبيراً من طابعها السياسي، حيث أصبحت البعثة الدبلوماسية تضم خبرات عديدة ثقافية وتجارية وعسكرية وإعلامية وغيرها، كما فقدت جانبا كبيرا من صفتها التمثيلية، حيث لم يعد رئيس البعثة الدبلوماسية مجرد ممثل شخصي لرئيس الدولة وإنما يمثل مجتمعاً مختلف التكوينات والمصالح لكل منها امتداداته الخارجية بشكل أو بآخر ولذلك أصبح الدبلوماسي أقرب ما يكون إلى رجل العلاقات العامة أو الوسيط بين مجتمع وآخر منه إلى كونه ممثلا لرئيس الدولة أو مفاوضاً بالنيابة عنه (عليوة، 2005م، ص13- 14).

وفي سياق هذا التطور النوعي للوظيفة الدبلوماسية، فإنه من الضروري طرح الأسئلة التالية:

إلى أي مدى تعكس بنية البعثات الدبلوماسية العربية طبيعة التطور الذي طرأ على الوظيفة الدبلوماسية؟ وهل عكست البعثات الدبلوماسية العربية المعتمدة، لدى الدول العربية لدى بعضها البعض خصوصية العلاقات العربية - العربية؟ ويمكن الإجابة على هذه التساؤلات من خلال البحث في مؤشرين هما:

1. عـدد البعثات الدبلوماسية والقنصلية لكل دولة عربية لدى الدول العربية الأخرى، حيث أن بعض الدول العربية ليس لها تمثيل دبلوماسي أو قنصلي كافٍ لدى جميع الدول العربية الأخرى وذلك لأسباب تتعلق بنقص الموارد أو نقص الخبرات البشرية.

2. حجم هذه البعثات وطبيعة تكوينها ونسبة عـدد المستشارين مـن الفنيين وأنـواعهم إلى عـدد الدبلوماسيين، حيث هناك اختلافات كبيرة جـدا بـين حجـم وبنية ونوعية المشاركين في هذه البعثات،إذ إن العلاقة بين عدد وحجـم ونوعية البعثات الدبلوماسية لدولة عربية (معينة) لدى الدول العربية الأخرى من ناحية، وبـين كثافة التفـاعلات الثنائية مـع هـذه الدول في جميع المجالات وعلى كافة الأصعدة الرسمية والشعبية من ناحية أخرى، قد يكشف عن وجود مناطق وآفاق جديدة وكبيرة غير مستقلة لتطوير العلاقات الثنائية العربية (نافعة، 2005م، ص 2).

إن المتغيرات العالمية السريعة تـدفع بالدبلوماسية العربية إلى زيادة تطوير الأداء الدبلوماسي العربي ودون قصره على دولة دون أخـرى أو قـارة دون أخرى، فأينما يتواجد المـواطن العربي ينبغي عـلى الدبلوماسية العربية أن تنشـط لتشـمل جميع التجمعـات العربية،حيث إن الدبلوماسية العربية لها تمثيل واسع في مختلف دول العالم (حجـازي، 2005م ، ص158).

إن خريطة العلاقات العربية - العربية في ضوء المؤشرات سالفة الذكر، يمكن أن تظهر عدداً من الحقائق، من حيث التوترات التي تحدث في العلاقة بين بعض الـدول العربية بـين الحين والآخر، التي ربما تكون ناجمة في الواقع عـن نقص في المعلومات المتبادلة أو المتاحة لدى الأطراف المعنية أو عدم

دقة هذه المعلومات، وان هذا النقص أو عدم الدقة قد يكونا ناجمين عن عدم كفاية أدوات الاتصال بين البلدين على الصعيدين الرسمي والشعبي.

وفي الواقع إنه كلما كانت العلاقة الثنائية بين الدول العربية كثيفة وسلمية أصبح من السهل إقامة علاقة جماعية تتمتع بنفس المواصفات ولها نفس السمات، حيث يصبح من السهل في هذه الحالة تطوير ودفع العمل العربي المشترك، أما أذا كانت العلاقات الثنائية بين الدول العربية ضعيفة أو محدودة وتتسم بوجود شكوك وعدم ثقة متبادلة، يصبح من الصعب إقامة علاقات جماعية أو تكاملية قوية، وفي هذا السياق يجب على جامعة الدول العربية أن تهتم بفحص بنية وهياكل العلاقات الثنائية بين الدول العربية، وتقوية وتصحيح هذه البنية وتلك الهياكل، من خلال تنظيم الدورات التدريبية للخبراء وتحقيق قدر أكبر من التفاعل بين المسؤولين عن رسم وتنفيذ العلاقات العربية - العربية ليس فقط في المجالات السياسية والدبلوماسية وإنما أيضاً في المجالات الاقتصادية الثقافية والتجارية والسياحية.

ويمكن أن تلعب البعثات الدبلوماسية دورا مهما ليس فقط للحد من العديد من المشكلات أو الأزمات العربية، ولكن أيضاً لتطوير العلاقات العربية - العربية في جميع المجالات: السياسية منها، والاقتصادية، والثقافية والاجتماعية، إذ يفترض أن يتمتع عضو البعثة الدبلوماسية العربية في الدولة المضيفة بمزايا نسبية مقارنة ببعثات الدول الأخرى، بحكم كونه عربيا يتحدث اللغة العربية ولديه الاستعداد الفطري والطبيعي لفهم تقاليد وثقافة البلد الذي يعيش فيه فهماً واعياً وعميقاً، وبحكم أنه يمثل حكومة ومجتمعاً، يفترض أنه ملم الماماً كبيراً بمزاياه النسبية وباحتياجاته، وبوسعه أيضاً إذا ما أحسن اختياره أن يلعب دورا بالغ الأهمية في تطوير العلاقات الثنائية العربية، وفي

الوقت نفسه يمكن لجامعة الدول العربية أن تلعب دوراً مهماً لتطوير العلاقات الثنائية بين الدول العربية إذا ما بذلت جهداً أكبر للتعرف على أهم المشكلات التي تواجه الدبلوماسي العربي في البلاد العربية التي تعرقل قدرته على أداء مهمته، ثم تقوم بعد ذلك بالعمل على حل تلك المشكلات بوسائل متعددة قد يكون من بينها: (نافعة، 2005م، ص3- 4)

1. تنظيم دورات مختلفة بالتعاون مع المعاهد الدبلوماسية الموجودة في الدول العربية لتطوير وتفعيل المهارات الدبلوماسية الواعية والقادرة على تطوير العلاقات العربية - العربية وتطويرها بما يخدم أهداف العمل العربي المشترك.

2. تنظيم حلقات نقاشية مشتركة للتعرف على حقيقة المشكلات التي تواجه عمل الدبلوماسي العربي في الدول العربية، والتعرف على وجهة نظر ومقترحات المشاركين حول طبيعة الدور الذي يمكن أن تلعبه جامعة الدول العربية لتحسين أداء البعثات الدبلوماسية العربية في الدول العربية بما يساعد على تطوير العلاقات العربية - العربية على الصعيدين الثنائي والجماعي.

2.1.3 خصائص الدبلوماسية العربية وسماتها:

تُعَدُّ الدبلوماسية بشكل عام عاملاً رئيسياً ووسيلةً مهمة في تفعيل العمل السياسي الدولي التي تعتمد الدول عليه في تنفيذ سياساتها الخارجية ؛ لأنها تشكل العنصر الأساسي في العلاقات بين الدول لإحلال الأمن والاستقرار بينها وذلك بسب السمات التي تتصف بها ومنها: (الكحيمي، 2005، ص3)

أ- أنها وسيلة توفيقية في الوصول إلى التوافقات وعقد الاتفاقات والمعاهدات عن طريق تبادل الرأي والحوار والتفاوض.

ب- أنها الوسيلة الأساسية في الإقناع والحوار ومتابعة الاتصال مع الآخرين في وقت السلم والحرب.

ج- أنها وسيلة هامة لتكييف العلاقات القائمة بين الدول من خلال قدرتها على شرح المواقف وإيضاح السياسات والدفاع عن المصالح الوطنية.

د- أنها وسيلة يمكن من خلالها ترجمة سياسة الدولة ومواقفها تجاه الآخرين.

أما بالنسبة للدبلوماسية العربية فهي قائمة على مجموعة من الخصائص والسمات التي تتمثل بما يلي:

1- **التمسك المفرط بالصفة القطرية:**

تمثل السمة القطرية إحدى الحقائق الكاملة في الواقع السياسي - الاجتماعي الموضوعي للمجتمع العربي ولذلك لا يمكن تجاوزها في التحليلات الشمولية للدبلوماسية العربية، وأكثر من أي وقت مضى فإن الدولة العربية كما يبدو في مجريات الأحداث الواقعية، في الطريق إلى مزيد من التفتت والتجزئة وتكلس الحدود ووضوح معالمها وزيادة تضخم الذات القطرية.

والقطرية تعني انقطاع خطوط الاتصال والتواصل بين العرب، وهدم البنية الكامنة للعلاقات الاجتماعية والنسيج الاجتماعي العام، بحيث لا تتجاوز الولاءات والانتماءات الحدود الضيقة للحواجز القطرية لكل دولة عربية، وهذا ما دعا إلى بروز واستعلاء السمة القطرية كسمة بارزة للدبلوماسية العربية، إلى جانب اضمحلال العالم العربي وضموره، مما أضعف الحس العربي العام المشترك، وأضعف أفق الولاء والإنتماء العربي العام، ولقد تبلورت النتيجة النهائية في تمزيق الهوية العربية بأبعادها المختلفة،

الأمر الذي أدى إلى عدم قدرة الدبلوماسية العربية على العمل العربي المشترك والتعاون أو الاتفاق حتى في مستويات النخبة (الحوراني،2003، ص12).

وهذه الدبلوماسية القُطرية قد تلتقي وقد لا تلتقي مع القرارات الخطيرة التي تتعرض لها الأمة العربية. وقد حدثت خلال مسيرة العمل العربي المشترك متغيرات في الثوابت العربية، تتمثل في انعزالية الدبلوماسية القُطرية تجاه الأخر العربي وتفكيك الطبيعية الانعزالية للدبلوماسية القطرية ضرورة لبناء العمل العربي المشترك والدبلوماسية الجماعية العربية على أسس جديدة وبشكل تدريجي (الدوري، 2003، ص77).

ولقد توصلت الدبلوماسية القُطرية العربية إلى مسارات اختناق مختلفة تعكس باستمرار إخفاقاتها التبادلية ومثال ذلك:- فشل الدبلوماسية القُطرية العربية في مواجهة القضايا العربية وعلى رأسها القضية الفلسطينية، كما عجزت الدبلوماسية القطرية العربية عن مواجهة الإرادة الدولية، وفشلت في منع الدول العربية من الدخول في الحروب والنزاعات مع غير العرب، كما فشلت في معظم مجالات العمل العربي المشترك على الصعيد الاجتماعي والسياسي والاقتصادي والعسكري، وعلى الصعيد القطـــــــري (الحوراني،2003، ص16).

2- **غياب التنسيق في التعامل مع مختلف القضايا القومية:**

ويظهر ذلك من خلال التباين الكبير بين مضمون وأهداف السياسات الخارجية العربية، التي لم تصل إلى الحد الأدنى من التنسيق وتقديم المصلحة القومية العليا على المصالح الذاتية، والتعامل مع تلك الأهداف العليا بشيء من نكران الذات، الأمر الذي أدى إلى الانقسام العربي والضعف

السياسي الملحوظ داخل النظـــام الإقليمي العربي (العطية، 2003، ص21).

فقد قاد اضمحلال المد القومي الذي يعتبر من أهم ركائز عمل الدبلوماسية العربيـة إلى ضعف الاهتمام بالقضايا العربية المشتركة، فلم تعد هـذه القضايا تولد بـنفس الاستجابات القوية عبر العالم العربي، وتـلاشى الإحسـاس بالتضامن العربي نتيجـة التركيـز علـى المصالح القطرية على حساب الجماعة العربية، وخير مثال على ذلك عندما توقفت مصر عن أن تكون القوة الدافعة لتضامن النظام الإقليمي العربي، بعد أن قرر الرئيس الراحل أنور السـادات في أواخر السبعينات كسر الجمود والتعامل مع إسـرائيل بسـبب التكلفـة المسـتمرة للمواجهة معها، والملفت للنظر أن الـرئيس السـادات قـام بـذلك دون الاكتـراث لمصالح الفاعلين الآخرين على خط المـواجهة الذيـن أضحـوا في وضع أكثر عرضة لـلاختراق (هـلال و قرني، 1994،   ص90-91).

3- دبلوماسية غير واضحة المعالم:

تتسم الدبلوماسية العربية بأنها دبلوماسية غير واضحة المعالم، ويعزو البعض ذلك إلى أن الدور الدبلوماسي والسياسي قد تراجع، أو أن الثقة في الدبلوماسية كأسلوب لإدارة العلاقات الدولية اخذ يتراجع أمام مقومات أخرى مثل القوة، أما البعض الآخر فيعـزو ذلك إلى ضعف الجهاز الدبلوماسي العربي، والبعض يرى أن السبب الرئيسي في عدم وضوح معالم الدبلوماسية العربية تتجسد في التناقض بين الموقف السياسي العربي الرسمي والموقف الشـعبي، فالنظم السياسية القائمة كل ما تقوم به من مواقف أو تتخذه من

سياسات على المستويين الخارجي والداخلي ليس له صلة بما تريده الجماهير العربية، حيث تنعكس هذا الضعف السياسي العربي العام على المستوى الخارجي كما تنعكس على المستوى الداخلي، ولو أخذنا المواقف العربية الرسمية قبل الحرب على العراق لوجدنا كيف تذبذبت بين مؤيد للحرب ومعارض بشدة، أو بين مقدم مساعدات للولايات المتحدة الأمريكية لشن الحرب أو ملتزم الحياد، في حين أن المواقف العربية غير الرسمية   (الجماهير) جسدت موقفاً عربياً واضحاً وقوياً وصريحا جوهره رفض الحرب على العراق (لوتاه، 2003، ص 74-75) وبالتالي فكيف يمكن لهذه الدبلوماسية الغير واضحة المعالم من حيث تناقض المواقف العربي الرسمي مع الموقف الشعبي أن تكون قوية وفاعلة؟ حيث انه لابد من توحيد المواقف المتناقضة على المستوى الداخلي للخروج بدبلوماسية عربية فاعلة على المستوى الخارجي.

4- دبلوماسية فاقدة لبرنامج عمل أثناء الأزمات:

تفتقد الدبلوماسية العربية إلى وجود برنامج عمل لمعالجة الأزمات التي تتعرض لها الدول العربية التي قد تصل إلى درجة النزاع أو الصدام المسلح، ويهدف هذا البرنامج إلى الحيلولة دون استفحال الأزمات وتفاقمها والتحرك للقضاء عليها وهي في بدايتها ومحاولة احتوائها قبل أن تتطور إلى صراعات مسلحة، من خلال تفعيل دور المؤسسات السياسية القابلة للاستخدام كآليات التسوية السلمية للنزاعات، سواء بالوسائل السياسية – كالمساعي الحميدة أو الوساطة أو المفاوضات المباشرة وغيرها، أو بالوسائل القانونية – كالتحكيم أو القضاء الدولي وغيرها، التي يمكن أن تلعب دوراً مهماً في هذا الإطار، حيث يمكن أن يكون مجلس جامعة الدول العربية سواء

على مستوى وزارة الخارجية أو على مستوى القمة أحد آليات تسوية المنازعات بالوسائل السلمية باعتباره وسطاً أو حكماً في النزاع، بالإضافة إلى أن جامعة الدول العربية تفتقر إلى وجود الدبلوماسية الوقائية كآلية للوقاية من النزاعات وإدارتها وتسويتها (نافعة، 2005، ص4).

5- **دبلوماسية لا تجيد استغلال الفرص:**

تتسم الدبلوماسية العربية بأنها دبلوماسية لا تجيد استغلال الفرص حيث أهدرت الدبلوماسية العربية فرصة العمل الجماعي، خاصة في مجال الإعلام الخارجي ولعل هذا ظهر بشكل واضح خلال الأحداث الأخيرة الحاسمة في العلاقات الدولية (الحرب على العراق واحتلاله) وما تمخض عنها من تشرذم سياسي وسرعة في تدويل القضايا العربية، حيث كانت أمام الدبلوماسية العربية قضية عادلة وكان الرأي العام العالمي مهيئاً ومستعداً لاستقبال الرسالة العربية المعارضة للحرب، لكن هذه الفرصة أهدرت مثله مثل الفرص التي أهدرت في السابق، حيث لم تتمكن الدبلوماسية العربية من توضيح الموقف العربي وإيصال الصوت العربي للرأي العام العالمي، كما أنها لم تتمكن أيضاً من التنسيق خلال الأزمة العراقية أو اتخاذ مبادرة خلال هذه الأزمة، حيث كان واضحاً أن الحرب التي شنتها الولايات المتحدة الأمريكية وحلفائها على العراق هي حرب ظالمة وغير أخلاقية وغير مبررة ومتمردة على الشرعية الدولية، وكانت هذه الحرب قائمة على مجملها على الأكاذيب والمبالغات حول أسلحة الدمار الشامل وعلاقة العراق بالإرهاب، وعدم التزامه بقرارات الأمم المتحدة رغم ذلك كله لم تتمكن الدبلوماسية العربية من استغلال هذه الفرصة للحصول على موقف عربي موحد تجاه الحرب

الأمريكية على العراق يضمن له التأييد التام من الـرأي الـعـام العالمـي (الحسـن، 2005م، ص2).

6- دبلوماسية منفعلة أكثر مما هي فاعلة:

لا شك أن البحث في الخصائص الهيكلية والوظيفية لمؤسسات العمل العربي المشترك، يلزم رصداً لعمليات الاتصال التي تتم بين مختلف أطرافه الفاعلة، وما يتبلور في سياستها من تفاعلات ونمـاذج علاقات أنماط أداء، كما أن الـوعي مطلوب بضـوابط التحكم أو التكيـف المتاحـة للعمل العربـي المشترك، ويقيـيم مـدى معـالجتها، وخاصـة في مجـال استـيعاب التوتـرات والخلافات، وتطـويق الأزمات، التي يمكن أن يتعرض له النظام العربي، حيـث يساعد الـدبلوماسي في هذا المجـال تدفق المعلومات داخل النظام، لما لهذا التدفق من دور في عملية اتخـاذ القرارات والسياسات والمواقـف، الذي يعرقل طموحات الدبلوماسية العربية للعب دور فاعـل لتعزيـز العمـل العربـي المشترك هـو استمرار قصور الإرادة السياسية العربية، وتواصل الخلل البنيوي في النظام العربي، والعجـز عـن بناء مؤسسات فاعلة، تستوعب الأساليب العصريـة في العمـل الإقليمـي المشتـرك بعيداً عـن العشوائية والازدواجية والافتقار إلى صلة الوصل المؤسساتية، الأمر الذي يعرقل تحـول الدبلوماسية العربية من دبلوماسية منفعلة إلى دبلوماسية فاعلة.

7- الدبلوماسية العربية دبلوماسية القمة:

تتسم الدبلوماسية العربية بالاجتماعـات الدوريـة لرؤسـاء الدول والحكومـات العربيـة والتي لها فائدة في التسوية السلمية للمنازعات التي قد تنشأ بين الدول العربية ؛ لأن في ذلك فرصة للقاء الزعماء والقيادات العربية،

ويعني ذلك حضور الأطراف المتنازعة لجلسات مؤتمر القمة، حيث أن مناخ عقد مؤتمرات القمة قد تتهيأ فيه الفرصة لمباشرة الدبلوماسية الشخصية لرؤساء الدول، ولذلك نجد أن لمؤتمر القمة دوره الفاعل في التسوية السلمية للمنازعات، وهكذا فقد استحدثت جامعة الدول العربية دبلوماسية القمة العربية كإحدى أدوات تسوية النزاعات العربية (دهبي، 2006، ص3).

كما أنه لا يمكن الحديث عن انتظام فعلي وملموس لدبلوماسية القمة العربية إلا بعد قمة القاهرة عام 2002م، والتي شكلت تحولاً في تطور دبلوماسية القمة العربية حيث قامت بإجراء تعديل في ميثاق جامعة الدول العربية يحدد الوضع القانوني لدبلوماسية القمة، واعتبرته جزءاً مكملاً للميثاق، وبذلك تكون دبلوماسية القمة تحولت من حيث الشكل على الأقل إلى مؤسسة فعلية من مؤسسات جامعة الدول العربية (الأذينات ، 2008، ص6) .

ونظراً للصلاحيات المخولة لقادة الدول العربية وقدرتهم على اتخاذ القرار، فقد شكل هذا تطوراً ايجابياً تنعكس آثاره على مؤسسات النظام الإقليمي العربي، ويؤدي إلى زيادة فاعلية العمل العربي المشترك إذا كانت القرارات الصادرة عن دبلوماسية القمة تنصب في مصلحة النظام الإقليمي العربي، إذ أن مشاركة رئيس الدولة يضعه في موقع تحمل المسؤولية المباشرة، كما أنه لا يستطيع التراجع عن مواقفه أمام الرأي العام، وبالتالي يؤدي ذلك إلى نوع من الالتزام بقرارات القمم.

8- الدبلوماسية العربية دبلوماسية تنازلات:

إن المتابع لحركة الدبلوماسية العربية في التعامل مع الأزمات التي يتعرض لها النظام العربي يجد أنها دبلوماسية متمرسة في موضوع التنازلات، حيث يوجد تراث عربي يشير إلى أن الدبلوماسية العربية الجماعية محنكة في فن التنازل، الأمر الذي أدى إلى تحويل الدبلوماسية العربية إلى دبلوماسية استجابات أكثر مما هي دبلوماسية مبادرات، ودبلوماسية رد فعل على الأحداث وليست دبلوماسية مبادرة وفعل نابع من الذات العربية بحيث تستجيب الدبلوماسية العربية لما يفرض عليها من البيئة الخارجية دون أن تبادر الدبلوماسية العربية من تلقاء نفسها لصناعة مواقفها الخارجية والتفاعل معها وبالطريقة التي تراها مناسبة للحفاظ على وحدة النظام العربي من الانقسام والتشرذم (الجمال، 2003، ص 82).

9- الدبلوماسية العربية دبلوماسية تفتقر لمهارات التفاوض:

لقد تطورت دبلوماسية التفاوض في القرن العشرين لاسيما بعد الحرب العالمية الأولى وبصفة أخص بعد الحرب العالمية الثانية، فإلى جانب الدبلوماسية الثنائية التقليدية التي تميزت بالسرية ظهرت الدبلوماسية الجماعية التي تتميز بالعلنية، والسبب في ذلك التطور يرجع إلى التقدم التكنولوجي في ميدان وسائل الاتصال والمواصلات والذي واكبه تطور كبير في صناعة الطباعة والنشر، الأمر الذي أدى إلى قوة فاعلية الرأي العام في عمليات التفاوض الدولي في كافة صورها، فالدبلوماسية الجماعية هي مجرد أداة من أدوات التفاوض، وأداة فرضها تطور العلاقات الدولية في العصور الحديثة (عليوة، 2005، ص193).

وبالنسبة للدبلوماسية العربية فهي تفتقر إلى مهارات التفاوض وأصوله من حيث أنها تنطلق في مفاوضاتها حول مختلف القضايا المطروحة على الساحة الإقليمية والدولية من مبدأ التركيز على المصالح القُطرية العربية، مما يؤدي إلى تعدد المصالح وتداخلها أحياناً وتضاربها أحياناً أخرى، كما أن تعدد القضايا المطروحة للبحث من قبل الدبلوماسية العربية يؤثر تأثيراً بالغاً في مواقف الدول العربية بالنسبة لكل دولة عربية على حدا، لأن درجة اهتمام الدول العربية بالقضايا المطروحة ليست واحدة لذلك فإن ما تعتبره دولة عربية معينة أو مجموعة دول عربية قضية ثانوية قد تعتبرها أخرى قضية رئيسية، كما أن تعدد المشاركين في الدبلوماسية العربية خلال عملية التفاوض يؤدي إلى انقسام الدول العربية إلى مجموعات ومن ثم تصبح عملية التفاوض معقدة للغاية، وخير مثالٍ على ذلك المفاوضات العربية مع إسرائيل التي كانت تنتهي دائماً لصالح إسرائيل، حيث كانت الولايات المتحدة الأمريكية ترسل مفاوضيها للتفاوض بالنيابة عن إسرائيل مع العرب حول القضية الفلسطينية، وينتهي الأمر لصالح إسرائيل (الأحمدي، 2004، ص1).

من ناحية أخرى تفتقر الدبلوماسية العربية إلى إستراتيجية التفاوض المتمثلة بحشد وتعبئة القدرات لكي تتجمع في "" نقطة هجوم "" واحدة تكون محصلة لكل العدد والأدوات التفاوضية المتاحة، كما أن الدبلوماسية العربية تفتقر إلى أهم تكتيكات التفاوض مثل إخفاء الموضوع الهام وسط جدول الأعمال والتركيز شكلياً على موضوع آخر ومن الواجب على الدبلوماسية العربية قبل إجراء التفاوض، تحديد الهدف المطلوب من ورائه ومن المعروف أن معظم الاتفاقيات العربية لا تحظى بالمتابعة وتصبح حبراً على ورق وإن وسيلة المتابعة بحاجة إلى تحديد الجهة أو الجهات المسئولة عن تنفيذ الاتفاق

وتحديد جــدول زمني وبرنامج يُراعى بكل دقـــة (عبد الباسط، 2005، ص11- 14).

ومن هنا فقد أظهر ذلك مدى افتقار الدبلوماسية العربية إلى مهارات التفاوض ويتبن ذلك من خلال أن الجولات التالية للدبلوماسية العربية تجاه أي قضية تدور حول نفس الموضوع الذي تم مناقشته في الجولات السابقة، سواء لاستكمال الطريق أو لتصحيح المسار.

10- الدبلوماسية العربية دبلوماسية تفتقر إلى الشفافية والديمقراطية:

تتسم الدبلوماسية العربية بأنها دبلوماسية تفتقر إلى الشفافية والديمقراطية، حيث أنها تفتقر إلى المصداقية ولا تعكس الصورة الحقيقية والموضوعية لمختلف القضايا المطروحة ونتائجها على طاولة المفاوضات الإقليمية والدولية، كما أنها لا تتبنى الخيار الـديمقراطي في التعامل مع هذه القضايا، فالنظام الإقليمي العربي بحاجة إلى سلوك النهج الديمقراطي، وهـذا يتطلب وجود دبلوماسية متميزة ؛ لأن هذه المرحلة بكل مستوياتها تتطلب قرارات استثنائية وحضارية تنهي واقع الانحدار السياسي والاقتصادي والاجتماعي والأخلاقي والثقـافي الـذي وصلت إليه الدول العربية بدون وجود الديمقراطية. وإن الأزمة الكبرى التي خلفها الاحتلال الأمريكي للعراق لا يمكن للدبلوماسية العربية مواجهتها إلا من خلال تطوير نمط الحكومـات العربية وشعوبها في مختلف المجالات، حيث لابد من إدراك أن الأزمة العراقية بكل مراحـلها وفصولها هي نتـاج طبيعي ووليد شرعي لنظام السلطة المطلقة الديكتـاتورية التي مارست أنواع عـديدة من القتل والقمع (محفوظ، 2004، ص15).

وبالتالي فإن الدبلوماسية العربية تتسم بالافتقار إلى الشفافية والديمقراطية وخاصة في حال تعرض أي دولة من دول النظام الإقليمي العربي للأزمات كما أن اعتماد الديمقراطية وتوسيع المشاركة الشعبية من قبل الدبلوماسية العربية يساعدها على لعب دور بارز في التعامل مع القضايا التي تتعرض لها الدول العربية وعلى مختلف المجالات السياسية والاقتصادية والاجتماعية والثقافية.

هذه أهم خصائص وسمات الدبلوماسية العربية التي ساهمت في إظهار مواطن الخلل والضعف في الدبلوماسية العربية، وإذا كان هناك تأثير متبادل بين السياسة بكل جوانبها والدبلوماسية بكل مظاهرها، فإن الباحث يرى أن الوهن الذي أصاب السياسة العربية منذ استقلال الأقطار العربية انعكس سلباً على الدبلوماسية العربية.

3.1.3 الخلفية التاريخية للأزمة العراقية:

بدأت الحرب الأمريكية على العراق منذ فرض العقوبات الدولية على العراق كرد فعل لغزوه الأراضي الكويتية عام 1990-1991 (حرب الخليج الثانية)، فقد تعرض العراق على أثرها لسلسلة من العقوبات الدولية بدأت بقرار مجلس الأمن "660" في 2 آب عام 1990 والذي طالب العراق بضرورة الانسحاب الفوري غير المشروط من الكويت، بينما فرض القرار "661" في 6 آب عام 1990 الحظر الاقتصادي التام على العراق، وعندما لم يستجب العراق للقرارات الدولية تعرض لهزيمة قاسية في حرب" عاصفة الصحراء" من خلال شن حرب عدوانية في تحالف ثلاثيني أدى إلى هزيمة العراق وتدمير آلته العسكرية ووضعه تحت الحصار لمدة (12) عام،

وبعد انتهاء الحرب صدر قرار مجلس الأمـن رقـم "687" في "3" نيسـان عـام 1991 والـذي طالب العراق دون قيد أو شرط بتدمير كافة الأسـلحة غـير التقليديـة والصـواريخ ذات المـدى البعيد وذلك تحت إشراف دولي وتنفيذ كل القرارات الدولية الصادرة ضده، ولتخفيف معاناة الشعب العراقي صدر القرار "986", في 14 نيسان عام 1995 المعروف بقرار" النفط مقابـل الغذاء " ليسمح للعراق ببيع ما قيمته مليار دولار مـن النفط لثلاثة أشـهر لشـراء الأغـراض الإنسانية من أغذية ودواء تحت إشراف الأمم المتحدة، ولكن هـذا القرار لم يسـهم نسـبياً في رفع المعاناة عن الشعب العراقي إذ تعرضت المبالغ المستحقة للعراق لاستقطاع أجـزاء كبـيرة منها لصالح صندوق التعويضات وتكاليف مفتشي الأمم المتحدة, وفي (17) كانون الأول 1999 صدر قرار مجلس الأمن رقـم (1284) بشأن تعليق العقوبات شريطة قبول العراق التعـاون مع لجنة تفتيش وتحقيق ومراقبة دائمة بتسليم السلع والمنتجات المدنية المسـموح لها بـأن تباع للعراق (الدسوقي، 2001، ص 151-152).

وتطورت الحرب الأمريكية على العراق بشكل بارز غداة أحداث الحادي عشر من أيلـول عام2001م واندلعت الحرب على العراق نظرياً مساء 31 آذار عام2003 لحظة تهديد كـولن بـاول سوريا وإيران مـن على منبر اللـوبي اليهودي "ايباك" في واشنطن، والحرب على العراق كانت فكرة عرضها رونالد رامسفيلد على رئيسه جورج دبليو بـوش في المجلس الـوزاري بعـد يومين من أحداث الحادي عشر من أيلول عام2001م, وأنها في الواقع ليست فكرة بل عقيـدة تدعي أن الأفكار السياسية قوة دفع مركزية في التاريخ, وإنها تقوم على المزاوجة بين الأخلاق والقوة وبين حقوق الإنسان والتصميم (نعمان، 2003، ص79).

وقد أدت أحداث الحادي عشر من أيلول عام 2001, إلى ما يسمى بالحملة الدولية ضد الإرهاب, وهي الحملة التي تقودها الولايات المتحدة الأمريكية, وفجأة ودون مقدمات طويلة تحولت الأنظار إلى حدث آخر وهو الأزمة العراقية - الأمريكية - البريطانية تحديداً, أو ما سمي بأزمة أسلحة الدمار الشامل العراقية. وكما هو معلوم فقد سعت الإدارة الأمريكية أول الأمر, لمحاولة استصدار قرار من مجلس الأمن يجيز لها منفردة أو بالتعاون مع دول أخرى الحق في استخدام القوة ضد العراق لحمله قسراً على نزع أسلحته غير انه إزاء تباين مواقف الدول دائمة العضوية في مجلس الأمن طال النقاش حول هذا الموضوع ليحسم الأمر في النهاية بصدور القرار(1441) بتاريخ 2002/11/8 الذي وضع جدولاً زمنياً صارماً كان يتعين على العراق الالتزام به إذا أراد تجنب استخدام القوة ضده.

وأشار مجلس الأمن في القرار 1441 إلى أن هذا القرار إنما صدر لتوافقه مع العديد من القرارات الأخرى ذات الصلة ومنها:

* القرار رقم 707 في الصادر 15 /8 /1991 والذي نص على ضرورة أن يقدم العراق تفصيلاً كاملاً ونهائياً يبين فيه كافة برامجه الخاصة بأسلحة الدمار الشامل, وأن يتيح لمفتشي الأمم المتحدة حرية كاملة للتفتيش، والقرار رقم 715 الصادر في تشرين لأول 1991 والذي وافق فيه مجلس الأمن على الترتيبات التي أعدتها لجنة اليونسكو (التي تشكلت بموجب القرار687 الصادر بتاريخ 3 نيسان 1991) والوكالة الدولية للطاقة الذرية بشأن متابعة أسلحة الدمار الشامل العراقية، والقرار رقم 1051 في آذار 1996 والذي نص على وجوب قيام العراق بإخطار مجلس الأمن بأي

شحنات من المواد ذات الاستخدام المزدوج المدني والعسكري (الرشيدي، 2003، ص116-
117).

وبعد ذلك بدأت الولايات المتحدة في تصعيد حملتها السياسية ضد نظام الرئيس العراقي
صدام حسين في مطلع خريف عام 2002. وقد اختار النظام العراقي المناورة سبيلاً لإدارة
الأزمة وبهدف احتواء الأزمة والإفلات من تداعياتها ومنع تطورها في اتجاه الحرب التي
هددت الولايات المتحدة بشنها منذ أن مضت في اتجاه التصعيد وعندما بدأت عملية
التفتيش الأخيرة في نوفمبر 2002م, كان هناك احتمالان لا ثالث لهما بشان أسلحة الدمار
الشامل العراقية, إما أن بعضها مازال موجوداً وتم إخفاؤه أو أنها تم تدميرها كلها ولم يبقى
منها شيء, وعلى الرغم من كل محاولات النظام العراقي في إدارته للأزمة لعدم ارتكاب خطأ
كبير يتيح استصدار قرار من مجلس الأمن يجيز استخدام القوة ضده بشكل صريح، ولكن ما
لم يأخذه هذا النظام في الاعتبار هو أن الولايات المتحدة كانت مصرة على الذهاب إلى الحرب،
لأن هدفها الحقيقي أكبر من العراق وأسلحته المحظورة ومن منطقة الشرق الأوسط برمتها.
لقد اتخذت إدارة بوش من أزمة العراق ساحة لإعادة صياغة قواعد النظام الدولي على نحو
يكرس نظاماً عالمياً أحادي القطبية بصورة واضحة وينهي مرحلة الانتقال التي طال مداها
منذ انتهاء الحرب الباردة الدولية واتسم فيها النظام العالمي بالمراوحة بين قطب واحد
وأقطاب متعددة وبالتالي لم تفلح مناورة العراق في تفادي الحرب التي فرضت نفسها على
العالم والتي بدأت بشن القوات الأمريكية والبريطانية هجومها على العراق (عبد المجيد،
2003 ، ص 50- 52).

ولاشك أنه أصبح هناك منعطف جديد وخطير إزاء ما يمكن تسميته بالمسألة العراقية (الأزمة العراقية) الأمر الذي يستدعي حلها على جميع المستويات وليس على مستوى واحد فقط. و نحن الآن أمام أزمة بدأت بالغزو العراقي للكويت سنة 1990 وانتهى الفصل الأول منها بحرب الخليج التي أخرجت الجيش العراقي من الكويت في شباط 1991, ثم تداعت الفصول المختلفة لها حيث استخدمت القوة مرتين في عام 1993 مع بدء تولي كلينتون للفترة الرئاسية الأولى ثم في عام 1996 في محاولة استمرار إخضاع العراق للأوامر الأمريكية وتأكيد هيمنة الولايات المتحدة على النظام الدولي ثم شهد الربع الأول من عام 1998 فصلا جديداً في مسرحية هذه الأزمة وذلك عندما أرادت اللجنة الخاصة لنزع أسلحة الدمار الشامل أن تدخل القصور الثمانية للتفتيش. واستمر الوضع كما هو عليه إلى أن اندلعت الحرب على العراق واحتلاله في تاريخ 2003/4/9م (زهران، 2001، ص 233).

4.1.3 الأسباب الحقيقية لاحتلال العراق:

من الواضح لأي مراقب محايد أن الأسباب التي أعلنتها الولايات المتحدة الأمريكية وبريطانيا لشن الحرب العدوانية على العراق ؛ وهي نزع أسلحة الدمار الشامل أو حتى إسقاط النظام البعثي الذي تزعمه الرئيس الراحل صدام حسين وكذلك الادعاء بارتباط العراق بتنظيم القاعدة ونشر الديمقراطية، وهذه الأسباب المعلنة ليست هي الأسباب الحقيقية لاحتلال العراق.

إذاً فما هي الأسباب الحقيقية لشن الحرب على العراق؟ يمكن الإجابة على هذا السؤال من خلال البحث في الأسباب التالية:

1. إستراتيجية الأمن القومي الأمريكي:

إن الإستراتيجية الأمريكية الجديدة تقوم على فكرة أن مصالح الولايات المتحدة لها الأولوية على كل السياسات في العالم، وبعد التحول الحاصل في إستراتيجية الأمن القومي الأمريكي في دعوتها إلى محاربة الإرهاب وإشعال مسلسل الحروب، بهدف فرض نظام عالمي وحيد بقـــوة السلاح، وإجهاض صياغة عالم جديد متعدد الأقطاب، حيـث بـدأت الإستراتيجية الأمريكية بالتبلور على يـد مجموعـة مـن المحـافظين المتشـددين الـذين يلتقون بأهدافهم مع أهداف اللوبي الصهيوني، وقد أصدر بوش هذه الإستراتيجية في شهر أيلول عام 2002 وكانت الحرب على العراق أولى ثمارها. وتقوم هذه الإستراتيجية على تبريـرات وضعتها إدارة بوش وهي بمثابة ظهور مبدأ جديد أشار إليه وزيـر الـدفاع الأمريكي السـابق رونـالد رامسـفيلد أثناء جولته الخليجيـة في شهر حزيران عـام 2002م حيـث قـال "" إن الولايـات المتحـدة الأمريكيـة تقوم بوضع عقيدة عسكرية جـديدة تـنص علــى الحـق في توجيـه الضربة الأولـى إلى الدول التي تملك أسلحة الدمار الشامل "" (www.qudway.com.) .

ولم يعد هناك من شك في أن الاحتلال الأمريكي للعراق كان جـزءاً مـن رؤيـة إسـتراتيجية أمريكية متكاملة لإعـادة ترتيب الأوضـاع في الشرق الأوسط مـن منظـور المصـلحة القوميـة الأمريكية، حيث كـان العراق بمثابة السـاحة الرئيسية الأولى لتطبيق إسـتراتيجية الضربـات الوقائية من جانب إدارة الرئيس

جورج بوش. فقد وجدت هذه الإدارة في العراق الضعيف ـ الذي أنهكته سنوات طويلة (من العزلة والعقوبات) ساحة رئيسية لتطبيق إستراتيجيتها الجديدة في محاولة منها لجعل مسألة استخدام القوة العسكرية من جانب الولايات المتحدة بمثابة ممارسة مألوفة وعادية أمام المجتمع الدولي، ودور العراق هنا تمثل في أن الولايات المتحدة تلجأ دائماً إلى اختيار ضحية عاجزة عن الدفاع عن نفسها، بحيث تستطيع أن تسحقها بشكل كامل وإن احتلال الولايات المتحد الأمريكية للعراق واحتفاظها بوجود عسكري كبير فيه يحقق لها أهدافاً سياسية وعسكرية واقتصادية متكاملة فمثلاً على الصعيد السياسي يقوم جوهر الرؤية الإستراتيجية الأمريكية على أن تغيير نظام الحكم في العراق يمثل مجرد خطوة أولى لإعادة ترتيب الأوضاع في الشرق الأوسط استناداً إلى فكرة مؤداها أن احتلال العراق وإقامة نظام حكم ديمقراطي علماني فيه سوف يكون مقدمة للتغيير الشامل في العالم العربي ككل وفق نظرية الدمينو بحيث أن التغيير في العراق سوف يكون دافعاً للتغيير في باقي دول المنطقة.

أما على الصعيد العسكري، فإن موقع العراق في الإستراتيجية الأمريكية يمثل تطبيقاً عملياً للشق السياسي من هذه الإستراتيجية، فأفكار إعادة ترتيب الأوضاع الإستراتيجية في المنطقة واستكمال الهيمنة على الخليج والشرق الأوسط تظل أفكاراً نظرية بحتة ما لم تجد تطبيقاً عسكرياً عملياً محدداً لها، ويتمثل المكون العسكري للإستراتيجية الأمريكية تجاه العراق في أن الوجود العسكري الأمريكي في العراق يحقق أهدافاً مهمة من المنظور الأمريكي وتتمثل فيما يلي: (محمود، 2003، ص62- 64).

1. الاستفادة من الموقع الاستراتيجي للعراق، فالعراق يحتل ثاني أهم موقع من الناحية الإستراتيجية في الشرق الأوسط بعد مصر مباشرة، فهو نقطة التقاء إستراتيجية بين مناطق الخليج وشمال غرب آسيا وآسيا الوسطى والشرق الأوسط، كما إن الجوار الجغرافي للعراق بكل من إيران وسوريا له أهمية خاصة في الإستراتيجية الأمريكية في ضوء ما يحققه ذلك من تمكين الوجود العسكري الأمريكي في العراق من ممارسة تهديد مباشر على نظامي الحكم في كل من إيران وسوريا.

2. تثبيت القواعد العسكرية الأمريكية في الخليج بصورة دائمة وليس من خلال ترتيبات مؤقتة على غرار ما كان قائماً في المملكة العربية السعودية والكويت.

3. أن الوجود العسكري الأمريكي في العراق يتيح للولايات المتحدة امتلاك قدرة أكبر على احتواء ومواجهة الدول المعادية أو غير الصديقة للولايات المتحدة انطلاقاً من الموقع الاستراتيجي للعراق.

4. تعزيز وضمان أمن إسرائيل، وذلك من خلال الالتزام الثابت والدائم تجاه إسرائيل بالمحافظة على أمنها وبقائها وتفوقها واعتبار حماية أمن إسرائيل هو بمثابة أمن الولايات المتحدة الأمريكية، حيث حقق الاحتلال الأمريكي للعراق مصلحة إستراتيجية لإسرائيل، بالإضافة إلى أن ضرب العراق وتدمير القوات العسكرية العراقية بصورة كاملة يعني بالضرورة خروج العراق من معادلة الصراع العربي الإسرائيلي.

وجاءت أحداث الحادي عشر من أيلول عام 2001م لتشكل الفرصة للإدارة الأمريكية لاستثمارها في رسم سياساتها الكونية الجديدة ومن ثم

فرضها على العالم وتمثلت هـذه الإسـتراتيجية بـالحرب ضـد الإرهـاب الـذي قامـت الولايـات المتحدة الأمريكية بتوسيع تعريفه ليشمل ما يسمى "" بالدول المارقة "" وهي الـدول المناوئـة للولايات المتحدة الأمريكية ذات القدرة الحالية أو المحتملة من وجهة النظـر الأمريكيـة عـلى امتلاك أسلحـة الدمار الشامل وهي حسب التعريف الأمريكي تشمل (العراق، إيـران، كـوريا الشمالية، ليبيا) والتي يطـلق بوش على ثلاثة منها (العراق، إيران، كوريـا الشـمالية) وصـف محور الشر (تقرير وزارة الخارجية الأمريكية حول الإرهاب، 2002).

2. الوضع الاقتصادي الأمريكي ونفط العراق:

من المعروف أن الاقتصاد الأمريكي مرّ بمرحلة صعبة، وقد بـدأ بالـدخول في نفـق الركـود ابتداءً من عـام 2001، وبعـد تسـلم بـوش الأبـن رئاسـة الولايـات المتحـدة الأمريكيـة ظهـرت صـعوبات جديـدة في الاقتصـاد الأمـريكي تمثلـت في افلاسـات الشركـات الكـبرى إضـافة ًإلى انهيارات أسعار البورصة والدولار، والى جانـب هـذا فقـد أدى الركـود إلى زيـادة ملحوظـة في معدل البطالة.

ومن الملاحظ أيضاً أن تـاريخ الرأسـمالية الامبرياليـة يشـير إلى أنهـا كانـت دائمـاً تلجـأ إلى الحروب من أجل الخروج من أزمتها المستعصية، ومن هنا يمكن تفسير بعض جوانـب الحـرب على العراق في رغبة شركات الأسلحة الأمريكية التـي بـدأت بإنتـاج أسـلحـة متطـورة حديثـة تحتـاج إلى تجربتها وتصريفها على نطـاق واسـع، بالإضافة إلى سعي الإدارة الأمريكية لتشغيل مصانعها العديدة المتوقفة كلياً أو جزئياً في الإمدادات العسكرية، وكذلك في تشغيل الشركـات في مرحلة ما بعـد الحرب لتعمير ما دمـرته الحرب، ومن شـأن ذلك كله أن

يـزيد الطلب على العمالة، ويتـم بـذلك تحـريك عجلة الإنتـاج للخروج مـن حـالة الركـود (الحمش، 2004، ص262).

وكثيراً من الدراسات والتحليلات مثل دراسة (**محمـود، تحـت عنـوان: العراق الجديـد في الإستراتيجية الأمريكية للشرق الأوسـط**) تؤكـد عـلى أن الـنفط كـان الـدافع الرئيسيـ وراء الحرب الأمريكية على العراق، بل أن مستشار الرئيس الأمريكي للشؤون الاقتصادية (لـورانس ليند ساي) كان قـد صرح قبيـل الحـرب الأمريكيـة عـلى العـراق"" بـأن البتـرول هـو الهدف الرئيسي لمساعي الولايات المتحدة الأمريكية لشن هجوم عسكري واسع النطـاق ضد العراق وأن الآثار السياسية السلبية لهذه الحرب ستكون بسيطة للغاية مقارنـة بالمزايا الاقتصادية والمكاسب الإستراتيجية في حالة نجاح الحرب "" (محمـود، 2003، ص66-68).

إن الولايات المتحدة تسعى من وراء سيطرتها على النفط العراقي إلى التـحكم في سوق الـنفط العالمي بصفة عامة فالعديد من المؤشرات تدل على أن الولايات المتحدة تعتزم مطالبة نظام الحكـم الجديد في العراق بإلغاء ارتباطها بمنظمة أوبك والتي كانت أحدى الـدول المؤسسـة لهـا ممـا سـوف يتيح للولايات المتحدة عقب ذلك فرض سيطرتها ونفوذها على السوق النفطية بما يخدم مصالحها.

وتعود محورية دور النفط في السياسة الأمريكية تجاه العراق كون العراق يمتلك ثاني أكبر احتيـاطي عالمي مـن الـنفط بعد المملكـة العربية السعودية، وسوف يكـون باستطاعة الولايات المتحـدة الأمريكية عند احتلال العراق أن تتحكم في أسعار الـنفط العالميـة، كـما أن وجـودها العسكري في العراق يمكن أن يعيد ترتيب حصص الشركات المنتجة للنفط، ففي عهد نظام الرئيس الراحل صدام حسين، كانت الشركات الأوروبية والصينية والروسية

تسيطر على عملية استخراج وإنتاج النفط في العراق، وكانت الشـركات الأمريكية بعيـدة عـن ذلك رغم أنها كانت تشتري النفط العراقي وتعيد بيعـه، في حين أن الاحتـلال الأمريكي للعراق يتيح للشـركات الأمريكية الفرصة للهيمنة على عملية إنتـاج واستخـراج النفط العراقي (بناصر، 2006، ص1- 2).

وبعد احتلال العراق والسيطرة عليه أدعت الولايات المتحدة الأمريكية بالعمل علـى أن يكون العراق نموذجاً للإصلاح على الطريقة الأمريكية لكي تقتدي به دول المنطقة، فمن وجهة النظر الأمريكية إن عملية الإصلاح الشامل في الدول النامية أصبح أمراً حتمياً من أجل سلامة الأمن القومي الأمريكي "" فالإرهاب "" من وجهـة النظر الأمريكية ولد في أحضان الـدول النامية أو الدول الأكثر تخلفاً، والتصدي للإرهاب يكمــن في إصلاح مجتمعات هذه الـدول سياسياً واجتماعياً واقتصادياً وثقافياً، فهنا مثلاً يرى " كـولن بـاول " وزير الخارجية الأمريكي السابق أن الحرب على الإرهـاب تحتاج إلى إعادة النظر في قضايا أخـرى مثل: القضـاء علـى الفقر، فالمجتمعات الفقيرة تفتقر إلى الحرية والحقوق السياسية والإنسانية، كذلك يؤكد كولن بـاول أن الولايـات المتحـدة الأمريكيـة لـن تستطيع أن تكسب حربها ضد الإرهاب إلا إذا واجهت أسبابه الحقيقية التي تكمن جذوره في الأسس الاجتماعية والسياسية التي تسببت في زيادة تخلف المجتمعات الفقيرة، فالولايات المتحدة الأمريكية تدعي بأنها تضع على عاتقهـا ضرورة نشـر مبـادئ العدالة والمساواة، لـذلك يتعيـن علـى الإدارة الأمريكية أن تقـدم المسـاعدات للـدول الفقيرة لكي تتغلب على أسـباب فقرها، وبالتـالي القضـاء على جـذور الإرهـاب (COLIN POWEL.2006. P 264).

3. تكريس الهيمنة الأمريكية:

مما لا شك فيه أن السيطرة الأمريكية على الخليج العربي يعطيها القوة للتحكم وتكريس مفهوم الهيمنة الأمريكية العالمية، لاسيما على الدول غير المنتجة للبترول والتحكم فيها، وخاصة الصناعية منها مثل: اليابان وأوروبا والصين، وذلك من خلال الضغط عليها من عدة نواحي متمثلة في النفط وطرق المواصلات البحرية في الشرق الأوسط، وهي طرق اقل تكلفة مقارنة بغيرها، وكذلك مد المنطقة بمخرجات الصناعة الأمريكية، مما يؤدي إلى التحكم سياسياً بالدول الكبرى والعالم.

ومن جهة أخرى يمكنها السيطرة على الخليج من خلال مواجهة تحديات نمو النفوذ الصيني في أوروبا وآسيا، وتحدد علاقاتها النفطية مع دول الجمهوريات الإسلامية التي كانت خاضعة للاتحاد السوفيتي سابقاً (حمودة،2006، ص50).

وتسعى الولايات المتحدة الأمريكية أيضاً إلى إعادة رسم حدود الدول الشرق أوسطية بما يتناسب و المصالح الأمريكية في المنطقة تحت اسم الشرق الأوسط الجديد، حيث أن احتلال العراق هو نقطة البداية لرسم شرق أوسط جديد.

4. حل القضية الفلسطينية:

حل القضية الفلسطينية لصالح الجانب الإسرائيلي سوف يكون أسهل مع غياب عراق قوي على الساحة الإقليمية، فمن المعروف أن موقف القيادة العراقية السابقة من أقوى المناهضين للوجود الإسرائيلي في المنطقة ؛ مما

سيجعل الاحتلال الأمريكي للعراق يضعف الموقف العربي، والموقف الإيراني أيضاً المناهض لإسرائيل وذلك لقرب وجود الولايات المتحدة منه.

ومن ناحية أخرى فإن سقوط النظام العراقي سيضعف بشكل كبير موقف كل من سوريا وإيران المناوئين للصلح مع إسرائيل وذلك عن طريق تضييق الخناق عليهما وزيادة مخاوفهما من أن تكونا بعد العراق في الإستراتيجية الأمريكية الجديدة ؛ حيث ضمت سوريا وإيران إلى ما يسمى دول محور الشر (علي،2003، ص19).

الفصل الثالث

سلوك الدبلوماسية العربية تجاه الأزمة العراقية

في إطار النظام الإقليمي العربي

الفصل الثالث

سلوك الدبلوماسية العربية تجاه الأزمة العراقية

في إطار النظام الإقليمي العربي

1.4 التحديات التي تواجه الدبلوماسية العربية:

سعت الدول الغربية وفي طليعتها الولايات المتحدة الأمريكية إلى فرض هيمنتها وإحكام سيطرتها بكل الوسائل والأساليب المتاحة على الدبلوماسية العربية. وقد واجهت الدبلوماسية العربية منذ ولادتها عدداً من التحديات الكثيرة والصعبة على مختلف الأصعدة السياسية والاقتصادية وغيرها، حيث بات الأمن القومي العربي مهدداً بالخطر، ومن هنا لابد من الإشارة إلى بعض التحديات التي تواجه الدبلوماسية العربية سواء على المستوى الجماعي أو على المستوى القُطري لأن تناولها بالبحث والدراسة بات من الضرورات التي تقتضيها المرحلة الحالية التي يمر بها الوطن العربي ونظامه الإقليمي الذي أصبح في حكم الواهن الضعيف، وأصبحت تطمع فيه أقل القوى شأناً في عالم اليوم، ومن هذه التحديات:

أولاً: يتمثل التحدي الأول في الفراغ السياسي الذي حدث في العراق بعد سقوط النظام، حيث كان هناك ميل واضح لدى الأمريكان لملء هذا الفراغ بمفردهم ومع من يتعاون معهم داخل التركيبة العراقية الجديدة، وهذا تحدٍ كبير لأن هناك روابط عائلية ومذهبية وسياسية وتاريخية وقبلية وعشائرية تربط عناصر مهمة في المجتمع العراقي مع المحيط القريب منه سواء في سوريا ولاسيما في الشمال الغربي أو في إيران ولاسيما في الجنوب الشرقي، وتربطه

بتركيا من خلال وجود أقلية تركمانية مهمة داخل ما يسمى بالمنطقة الكردية، وتربطه أيضاً بعدد من دول الخليج العربية من خلال الامتداد القبلي والعشائري.

وبالتالي فإن التحدي الأول كان يدور حول كيف ستتعامل الدبلوماسية العربية مع الأزمة العراقية في ظل ما أنشأه الاحتلال الأمريكي للعراق من فراغ سياسي وفي ظل وجود صراعات طائفية ومذهبية داخل العراق (سلامة، 2003، ص47-48).

ثانياً: ويظهر التحدي الثاني من خلال التداخل بين الولايات المتحدة وإسرائيل ثقافياً وسياسياً واقتصادياً وعسكرياً وذلك على نحوٍ تبدوان كتلة واحدة موحدة، وبالتالي يعتبران تحدياً متكاملاً في مواجهة الدبلوماسية العربية (نعمان، 2003، ص90).

وبالتالي فكيف يمكن التمييز بين ما هو أمريكي وبين ما هو إسرائيلي فيما يقوم به الأمريكان في المنطقة، علماً بأن هناك تحالفاً عميقاً وقديماً بين أمريكا وإسرائيل، وهذا ليس جديداً، فما هو جديد في الإدارة الأمريكية الحالية هو أن هذا التحالف الأمريكي الإسرائيلي وصل من خلال توسط أصدقاء الليكود الإسرائيلي إلى مواقع كان من الصعب الوصول إليها في الإدارة الأمريكية، ولا سيما في وزارة الدفاع والمخابرات الأمريكية.

وان وصول حلفاء الليكود إلى هذه المواقع يحوّل التحالف الأمريكي الإسرائيلي إلى نوع من التماثل، بحيث يصعب التمييز في كل قرار يتخذ بشأن المنطقة بين ما هو أمريكي الإيحاء، وبين ما هو إسرائيلي الإيحاء، لذلك يشعر أصدقاء أمريكا في المنطقة بقدرٍ من الحرج لأنهم يصاحبون دولة يتداخل فيها

الأمريكي بالإسرائيلي بطريقة غير مسبوقة، وبالتالي سيصعب التمييز من حيث الإجابة على التساؤلات التالية:- هل الضغط الحالي على سوريا أمريكي أم إسرائيلي؟ هل تجزئة المنطقة وبالذات العراق مذهبياً وعرقياً هو مشروع أمريكي أم مشروع إسرائيلي؟ (سلامة، 2003، ص49).

وهذا يقود إلى مدى تأثير هذا التحدي على الدبلوماسية العربية التي يجب عليها أن تتعامل مع الأزمة العراقية من منطلق القدرة على التمييز بين ما هو إسرائيلي وبين ما هو أمريكي، كون قرار الحرب على العراق يعكس حماسة إسرائيل لهذه الحرب وليس من المستبعد أن تكون إسرائيل لعبت دوراً محورياً في حملة التضليل الإعلامي وفي تزييف الوثائق المتعلقة بأسلحة الدمار الشامل، حيث أتاح لها الاحتلال الأمريكي للعراق فرصة لتحقيق غاياتها ورغباتها من خلال تدمير واحدٍ من أقوى الجيوش العربية بل ودولة من أقوى الدول العربية، ويلاحظ أن إسرائيل تمكنت على صعيد آخر من استغلال أجواء الحرب لتوجيه ضربات قاسية للمقاومة الفلسطينية ولإجهاض كل الخطط والمشروعات السياسية الرامية إلى إقامة دولة فلسطينية وبالتالي تعتبر إسرائيل أكثر دول العالم استفادة على الصعيد الاستراتيجي من الحرب والاحتلال الأمريكي للعراق، الأمر الذي يؤدي إلى عدم قدرة الدبلوماسية العربية على التمييز بين القرار الإسرائيلي والقرار الأمريكي (أحمد، 2005، ص2).

ثالثاً: ويتمثل التحدي الثالث بوجود فجوة واسعة بين معظم النظم العربية وشعوبها ناجمة من السخط المتزايد بسبب الأزمة الاقتصادية وتردي الأوضاع المعيشية، وانتشار الفساد، وتزايد القمع، وإدمان التراجع والانهزام أمام القوى الخارجية المعادية، حيث أن النظم الأكثر معاناة من سخط شعوبها

تجد نفسها مدعوة إلى الاختيار بين مجاراة مشاعر شعوبها المعادية لسياسة أمريكا تجاه العراق وبين مجاراة سياسة أمريكا المعادية للعراق، وهذا يقود إلى عدم التوافق بين الحكومات العربية مع شعوبها الأمر الذي انعكس سلباً على دور الدبلوماسية العربية تجاه الأزمة العراقية، من خلال تجاهل الحكومات العربية لمفهوم الدولة، فالجامعة العربية اختصاراً هي جامعة الدول العربية، والحكومات ليست إلا جزءاً من الدول، وهناك مؤسسات مجتمعية مثل المنظمات الأهلية هي أيضاً جزء من الدول، يجب أن تحاك هذه المنظمات في نسيج جامعة الدول العربية حتى تستكمل بوجودها إرادة الشعوب العربية، فوجود هذه المنظمات على نحوٍ ما في إطار جامعة الدول العربية يؤدي وظائف عديدة، فهي تستطيع بحكم تخصصها أن تقدم المشورة إلى من يصنع القرار في جامعة الدول العربية حول مختلف القضايا الاقتصادية والاجتماعية والثقافية وغيرها، ويشجع وجودها الحكومات العربية على النظر في قضايا، ما كان لها أن تهتم بها في غياب مثل هذه المنظمات (نعمان، 2003، ص91).

رابعاً: ومن أهم التحديات التي تواجه الدبلوماسية العربية في التعامل مع الأزمة العراقية بشكل خاص ومع الأزمات العربية بشكل عام هو أن معظم الاتفاقيات والمعاهدات الخاصة بالعمل العربي المشترك جاءت تحت ضغوط سياسية عامة وبدون دراسات جدية وبدون تحديد أهداف واضحة قابلة للتنفيذ وهذا يدل إلى عدم وجود منهجية واضحة المعالم ومحددة للدبلوماسية العربية، لهذا تضمنت هذه الاتفاقيات العديد من النواقص والعوائق المتمثلة بغياب آلية التشاور العربي حولها والفجوة الموجودة بين اللفظ والفعل عند تنفيذ هذه الاتفاقيات وغياب الرؤية وعدم القدرة على المتابعة من قبل الأطراف الموقعة على هذه الاتفاقيات والمعاهدات، والتي جعلت من

اكتمال تنفيذها أمراً في غاية الصعوبة، وذلك نتيجةً للأسباب التالية: (الشريف، 2004، ص49-50).

1. أن معظم هذه الاتفاقيات والمعاهدات كانت تتضمن أهدافاً شاملة وواسعة جداً لاعلاقة لها بالحاجات الآنية ولا بالواقع السائد في البلدان العربية مثل اتفاقية العمل العربي المشترك والسوق العربية المشتركة .

2. عدم صياغة آليات فاعلة ومؤثرة للتنفيذ والمتابعة، وغياب آليات فض النزاعات التي تكون عائقاً حقيقياً في وجه استمرار التنفيذ مثل آلية الدبلوماسية الوقائية التي تفتقر لها جامعة الدول العربية .

3. الانطلاق في كل هذه الاتفاقيات من نقطة البداية دون الأخذ بعين الاعتبار ما جرى التوافق عليه في السابق.

ومن هنا يجب أن يكون هناك عمل عربي مشترك من خلال صياغة اتفاقيات موحدة بين العرب حتى تتمكن الدبلوماسية العربية من القيام بدور فاعلٍ تجاه الأزمة العراقية بشكل خاص والأزمات الأخرى بشكل عام.

خامساً: ويتعلق هذا التحدي بالسياسة الأمريكية الجديدة في المنطقة والتي تضع الدبلوماسية العربية الجماعية والقُطرية في حالة صعبة للغاية وذلك من خلال انقلاب السياسة الأمريكية إلى قوة تغيير بعدما كانت قوة تدعو للحفاظ على الأمر الواقع، علماً بأن الدول العربية كانت دائماً تدعو إلى التغيير بينما هي الآن تنزلق إلى الممانعة التي تتضمن في طياتها المحافظة على الوضع القائم.

وبالتالي فإن الأمريكان يعتبرون أنفسهم مع التغيير، وهذا ما عبر عنه (رونالد رامسفيلد) وزير الدفاع الأمريكي السابق، عندما اعتبر انهيار النظام

العراقي السابق شبيهاً بانهيار برلين، أي مقدمة لتغيير شامل في المنطقة، وكذلك عندما ذهب (كولن باول) وزير خارجية أمريكا السابق أمام لجنة الشؤون الخارجية في مجلس الشيوخ الأمريكي ليقول "" إننا نريد إعادة تشكيل المنطقة سياسياً وفق مصالحنا "" (سلامة، 2003، ص51).

وهذا الهدف يجعل من الولايات المتحدة قوة تغيير، ويضع أمام الدبلوماسية العربية تحدياً غير مسبوق، فعليها أن تختار إما أن تعتبر ما هو قائم نوعاً من الانجاز أمام هذه القوى التي تريد تغيير الأمور، أو أنها تقبل بتغيير الأمور وفق ما تقول به الولايات المتحدة الأمريكية.

سادساً: تغليب المصلحة القُطرية لكل دولة عربية على المصلحة القومية، الأمر الذي أدى إلى بروز الدبلوماسية القُطرية العربية التي قد تلتقي أو لا تلتقي مع الدبلوماسية الجماعية العربية إن وجدت، وقد تتفق أو لا تتفق مع القرارات الخطيرة التي مرت على الأمة العربية في الفترات الأخيرة، وإن بناء المواقف القُطرية على حساب المصالح القومية العليا أدى إلى إذكاء النزاعات العربية، وأغرق المنطقة العربية بالنزاعات والحروب العربية - العربية على كل الصعد وعطل التنمية وحال دون التنسيق السياسي والعسكري وشجع القوى الخارجية على تأسيس صورة للمنطقة العربية على أنها منطقة فاقدة للهوية القومية، وقد استغلت قوى خارجية عدة هذا الوضع للقيام بأدوار أساسية لحسم مواقف وقضايا عربية كان من المفترض أن تقوم بها الدول العربية، وفي دراسة في **مجلة العلوم الإنسانية والاجتماعية تحت عنوان(تحديات النظام الإقليمي العربي من منظور مدرسي العلوم السياسية في الجامعات الأردنية)** سجل تحدي تغليب المصلحة القُطرية على المصلحة القومية ما نسبته (74,3%) على أنها تشكل تحدياً رئيسياً للدبلوماسية العربية

والنظـــام الإقليمي العـربي ومــا نسـبته (25,7%) عـلى أنهـا تشـكل تحـدياً ثانويـاً (العـزام والهزايمة، 2004، ص25).

تُعَدُّ هذه أهم التحديات التي تواجه الدبلوماسية العربية الجماعية أو القُطرية في التعامل مـع الأزمة العراقية حيث أن معضلة الدبلوماسية العربية هنا أنها تعبّر عن أمة هي مركزية وضـعيفة في آنٍ واحـد، مركزيـة بسـبب نفطهـا (ثلـث المخـزون العـالمي) وموقعهـا الجغـرافي وبسـبب اعتبـار السيطرة عليها من قبل القوى العظمى عبر التـاريخ أمـراً مهـماً، وضـعيفة لأنهـا أصبحت في موقـع هامشي وعاجزة عن الدفاع عنه وغير قادرة على تعظيم الفائدة منه.

2.4 دبلوماسية جامعة الدول العربية تجاه الأزمة العراقية:

مع كل أزمة كبرى يتعرض لها النظام العربي تتركز الأنظار على جامعة الـدول العربيـة، ويصـبح التساؤل الجوهري لماذا حدثت الأزمة؟ ولماذا غابت الجامعة أو همشت ولم تقم بالدور المنوط بها؟ وهل ثمة فائدة من بقائها واستمرارها بنفس سماتها وعناصرها الأساسية أم إن هناك ضرورة لتغيـير أسلوب عملها؟ ومع احتلال العراق تصبح جامعة الدول العربية وحدها كما يتصور البعض أو حاول أن يصور القضية أن هذا الاحتلال راجع فقط إلى ضعف المؤسسة الإقليمية وتهميش دورها، فالأمـر المحسـوم هنـا أن ضعف المؤسسة الإقليمية هو تعبير وانعكـاس لضعف الأطـراف المشـكلة لهـذه المـؤسسة سياسيـاً وعسكرياً واقتصادياً (أبو طالب، 2003، ص98).

يسجل لدبلوماسية جامعة الدول العربية وتحديدا الأمين العـام الـدور الفاعـل في بلـورة الاتفاق بين العراق والأمم المتحدة بشأن العودة غير المشروطة للمفتشين إلى العـراق وتجنـب الخيار العسكري آنذاك وإبقاء المسألة في إطار

مجلس الأمن والأمم المتحدة، وسمح ذلك بتأجيل الانفجار وإتاحة الوقت لعمل دبلوماسي، وما عدا ذلك فقد كان الغياب العربي بارزاً في عملية الاشتباك الدبلوماسي القائمة بشأن الحرب أو التسوية بين محور الحرب الذي تقوده واشنطن ومحور السلام بقيادة الثنائي (الفرنسي - الألماني).

ولم تكن هنالك دبلوماسية لجامعة الدول العربية داعمة لمحور السلام أو محاورة لمحور الحرب، وفي غياب أي محاولات جادة لبلورة قرار عربي مشترك استمرت دبلوماسية المناشدة والإدانة والتحذير من مخاطر التداعيات سمة الموقف ومن هنا جاءت المواقف العربية فاقدة المصداقية وغير مؤثرة، وهي مواقف حاولت إيجاد تسوية لفظية بين ضرورتين: **الأولى:** ضرورة تلافي مخاطر التورط ضد واشنطن **والثانية:** ضرورة تلافي مخاطر التورط في مواقف تستفز رأي عام ثائر، بل البحث يدور حول موقف لا يؤدي إلى الاصطدام مع شرعيات الرأي العام، و لا يصطدم مع السياسات الأمريكية، بالإضافة إلى أن الموقف العربي ليس في وضع أفضل في مرحلة ما بعد الحرب في إدارة المسألة العراقية فما زال العرب هم الطرف الغائب عن محاولة بلورة رؤية الحد الأدنى الممكن بشأن مسألة بناء السلام في العراق الذي يحمل انعكاسات إستراتيجية أساسية بالنسبة إلى الأوزان والأدوار والمواقع في العلاقات الإقليمية في الشرق الأوسط (حتي، 2003، ص94).

وهنا لابد أن نشير إلى أن جامعة الدول العربية لم تتحرك بشكل جدي أو فاعل تجاه العراق منذ سقوط النظام السابق في التاسع من نيسان عام 2003 وحتى الآن، بل جاءت بعض تصريحات المسؤولين في الجامعة مثيرة للدهشة وبمثابة تدخلاً صارخاً في بعض الحالات في الشؤون الداخلية للعراق مخالفين بذلك أبسط قواعد التعاون العربي والبروتوكول الدبلوماسي وميثاق جامعة

الدول العربية، الذي ينص في أكثر مواده إلى عدم التدخل في شؤون الدول الأعضاء.

كما أن جامعة الدول العربية لم تتدخل للتباحث مع المسؤولين السوريين والدول العربية المجاورة لحفظ حدودها ومنع تسلل الإرهابيين للعراق، حيث أن مسيرة جامعة الدول العربية تجاه مصائب شعب العراق تؤكد أن الجامعة سدّت أذانها عن سماع صوت الشعب العراقي، وكذلك فإن جامعة الدول العربية غيبت نفسها تماماً عن المشاركة في مساعدة الشعب العراقي في ظروفه الدقيقة وكأنما لا يوجد في الخارطة بلد أسمه العراق، ولقد غابت جامعة الدول العربية في أحلك ظروف العراق وخاصة أثناء جرائم السيارات المفخخة (موقع جامعة الدول العربية على شبكة الانترنت، 2006).

لقد كانت جامعة الدول العربية في مرحلة ما قبل بداية الحرب، تؤكد على الحل السلمي للأزمة، مشددة على البعد الإنساني وعلى المخاطر التي تحدث للشعب العراقي إذا شنت الولايات المتحدة الأمريكية وحلفائها الحرب على العراق، ولكن جاء رد جامعة الدول العربية إزاء تطور العدوان الأمريكي ضد العراق ضعيفاً، فالقمة العربية التي كان متوقعاً أن تنعقد استثنائياً في القاهرة لم تنعقد بهذا الوصف، وإنما عقدت كقمة عادية في الأول من آذار 2003م (الرشيدي ، 2003، ص3).

بالإضافة إلى أن دبلوماسية جامعة الدول العربية تجاه الأزمة العراقية اتسمت بحالة من التردد والارتباك والضغوطات الذاتية المقيدة للحركة وللفعل والناتجة بشكل أساسي عن اختلاف مواقف الدول العربية واختلاف المواقف الفعلية، وليس تلك المواقف المتعلقة بإعلانات عامة وعدم الرغبة

لأسباب داخلية بالطبع للإعلان عن حقيقة هذه المواقف وحدودها وقيودها الخارجية.

ومع وضوح حجم الكارثة التي حلت بالعرب بعد احتلال العراق ثار الجدل حول مصير جامعة الدول العربية من خلال ثلاثة اتجاهات كبرى أولها - إبقاء الجامعة على ما هي عليه، وثانيها - إنهاء دور الجامعة وإنشاء مؤسسة إقليمية جديدة، وثالثها - إصلاح الجامعة وتطوير عملها، وإن العالم العربي مطالب بمساعدة الشعب العراقي لإنهاء الاحتلال بأسرع وقت ممكن، حيث أن الحرب على العراق كشفت الحاجة إلى ضرورة أن يكون هناك قدر من التنسيق المؤسسي بين العالم العربي ككل وبين القوى الإقليمية المحيطة بالدول العربية دون إسرائيل والتي لا تتصادم سياساتها مع المصالح العربية نفسها بل يمكن أن تشكل إضافة لحماية تلك المصالح وفي المقدمة كل من إيران وتركيا. إن الحديث عن خطط تعمل على تطبيقها الولايات المتحدة الأمريكية لتنفيذ مشروع الشرق الأوسط الكبير من خلال تغيير أسس الهوية الثقافية والحضارية وتفاعلات الأطراف ووضع جدول أعمال مختلف للمنطقة العربية برمتها ويعكس أولوية الطموحات والأهداف الأمريكية، أمراً ليس بالخيال أو مجرد تصور افتراضي، فكل ذلك معلن ومعروف وكثير من عمليات التطبيق اتخذت بالفعل، لأن الولايات المتحدة الأمريكية تدرك أن مشروع الشرق الأوسط الكبير لا يمكن أن يتحقق إلا من خلال اختراق النظام العربي وإنهاء دور جامعة الدول العربية، وممارسة الضغوط على الدول العربية المختلفة لتغيير مناهج التعليم وإصدار قوانين معينة والانفتاح على إسرائيل والبدء في مشروعات إقليمية من شأنها أن تؤدي إلى تغيير طبيعة تفاعلات المنطقة على نحو جذري وتؤثر حتماً على الدور المفترض لجامعة الدول

العربية في حماية الهوية العربية، والنتيجة أن مستجدات وتحديات كهذه تدفع إلى التمسك بجامعة الدول العربية وإصلاحها جنباً إلى جنب مع إصلاح أحوال الدول العربية، والمتفق عليه بين جمهور الباحثين والمراقبين لأحوال جامعة الدول العربية والنظام الإقليمي العربي أن الجامعة تعكس توافق الإرادات العربية في المجالات المختلفة سواء مؤتمرات القمة أو المؤتمرات الوزارية التي تعقد بصورة دورية لمعالجة أغراض بعينها، ومن ثم فإن المناداة بالإصلاح أو تفعيل دور الجامعة مرهون أساساً بما يتفق عليه الأعضاء أنفسهم وليس ما يجتهد فيه الأمين العام أو الأمانة العامة في حد ذاته وذلك ما لم ينل موافقة والتزام الدول الأعضاء (أبو طالب، 2003، 99- 100).

ويحمل القرار العربي الجماعي الذي يشكل أساساً لدبلوماسية جامعة الدول العربية، أياً كان مستوى اتخاذه، سمات رئيسية أهمها ما يلي: (حتي، 2003، ص 97- 98).

أولاً – هنالك انفصام حاد ومسافة واسعة بين القرار الجماعي العربي الصادر عن جامعة الدول العربية من جهة، وبين السياسات الوطنية أو سياسات الدول العربية من جهة أخرى، الأمر الذي يؤدي إلى أن خطاب الجامعة كما دبلوماسيتها يصبح بعيداً أو غير مدعوم من السياسات الفعلية العربية.

ثانياً – صيغ القرار العربي غير قابلة للتنفيذ بل تتسم دائماً باللغة الإعلانية ومناشدة الآخر للقيام بالفعل المطلوب.

ثالثاً – السهولة والسرعة والتوافق التلقائي في اتخاذ القرار بسبب التكرار الذي يصيب بعض القرارات المرتبطة بلحظة معينة ولا ترتب على الدول العربية أية

تبعات والتزامات، وهذا التكرار ناتج عن التجاهل وعدم الاكتراث وغياب الجدية، وعدم الاستعداد لتوظيف الحد الأدنى من الإمكانيات العربية المتنوعة حتى تتمكن جامعة الدول العربية من القيام بالمهام المطلوبة منها .

ومن هنا فقد كشفت الأزمة العراقية الحالة الآنية التي وصل إليها النظام الإقليمي العربي من انهيار وتشرذم وتفكك الوحدة العربية الأمر الذي أثر سلباً في قيام الدبلوماسية العربية بدور فاعلٍ تجاه الأزمة العراقية والمطلوب أن يجتمع العرب لتحديد المساحة المشتركة والممكنة من المصالح والرؤى بشأن العراق وبناء الموقف المطلوب على هذه المساحة المشتركة لتتحول إلى دبلوماسية تشارك في صنع السلام في العراق وإعادته إلى البيت العربي، وهي عملية تتخطى مستقبل العراق إذ تتعلق بسلام العرب ومستقبلهم، بالإضافة إلى التركيز على أهمية الدبلوماسية الوقائية باعتبار أن تفعيل العمل العربي المشترك إنما يتأسس على أرضية من الاستقرار والأمن، وفي هذا الإطار تعتبر آلية الوقاية من النزاعات وإدارتها وتسويتها من الأجهزة الهامة التي يجب أن تنطوي عليها جامعة الدول العربية، والتصدي الجماعي لبؤر التوتر وعدم الاستقرار في المنطقة العربية بما يجنبها تدويل القضايا والعمل على تحصين الداخل العربي من المخاطر الخارجية على غرار قضايا الإرهاب وتنسيق المواقف العربية في التجمعات والمنظمات الإقليمية والدولية وخاصة منها دوائر التأثير الاقتصادي والسياسي بما يضمن التأثير العربي المأمول على المستوى الدولي.

3.4 المتغيرات الداخلية التي تؤثر على الدبلوماسية العربية:

تعرضت الدبلوماسية العربية في السنوات الأخيـرة لمتغيــرات وتطـورات كثيرة عـلى المستوى الداخلي للنظام الإقليمي العربي كان لها تأثيراً مباشراً وغـير مبـاشر عـلى الدبلوماسية العربية تجاه الأزمة العراقية ومن أهم هذه المتغيرات ما يلي:

1. الأمن القومي العربي
2. الاقتصاد العربي
3. العلاقات العربية - العربية

أولاً: الأمن القومي العربي:

يتعرض الوطن العربي إلى العديد من المخاطر الداخلية والخارجية التي تهدد أمنـه بكافة أشكاله، وهذه المخاطر في تزايدٍ وتصاعدٍ مستمرين، وذلك بسبب الموقع الجغـرافي الفريـد للوطن العربي الذي يربط القارات الثلاث: آسيا وإفريقيا وأوروبا، وتأثيره الحضاري والسياسي في شعوب هذه القارات، وكذلك الثروات الهائلة لتي يحويها.

مفهوم الأمن القومي:

يواجه تحديد مفهوم الأمـن القومي العديـد من المصـاعب، لأن الأمـن القـومي ظـاهرة اجتماعية تتداخل فيها مجموعة من العنـاصر والعوامـل المختلفـة، بالإضافة إلى حداثـة هذا المفهوم نفسه وحداثة دخوله قاموس المصطلحات السياسية والاجتماعية، الأمر الـذي أعطـاه العديد من التفسيرات والتعريفات، حتى أنه تم استعمال هذا المفهوم من قبـل بعـض الـدول لتغطية مخططاتها وأهدافها التوسعية.

لقد أخذ هذا المفهوم يتطور ويتضح بعد الحرب العالمية الثانية وبالتحديد منذ تشكيل الولايات المتحدة الأمريكية مجلس الأمن الأمريكي عام 1947 فالأمن من وجهة نظر(هنري كيسنجر) وزير الخارجية الأمريكي الأسبق يعني "" التصرفات التي يسعى المجتمع عن طريقها إلى حفظ حقه في البقاء "" وأوضح هذا التعريف (روبرت مكنمارا) وزير الدفاع الأمريكي الأسبق وأحد مفكري الإستراتيجية البارزين في كتابه "" جوهر الأمن "" حيث قال: "" أن الأمن يعني التطور والتنمية سواء منها الاقتصادية أو الاجتماعية أو السياسية في ظل حماية مضمونة "" وقال أيضاً "" أن الأمن الحقيقي للدولة ينبع من معرفتها العميقة للمصادر التي تهدد مختلف قدراتها ومواجهتها لإعطاء الفرصة لتنمية تلك القدرات تنمية حقيقية في كافة المجالات سواء في الحاضر أو المستقبل (نصر الله، 1999، ص57).

مفهوم الأمن القومي العربي:

كانت مشكلة صياغة مفهوم أمن قومي عربي محدد وواضح قائمة قبل حدوث حرب الخليج الثانية، وذلك من منطلق أن الأمن القومي يفترض وجود كيانٍ سياسيٍ ممثلاٍ في دولة مستقلة ذات سيادة، ولقد أثار عدد من الباحثين مشكلة مدى ملائمة تطبيق مفهوم الأمن القومي على البلاد العربية، فالوطن العربي لا يمثل دولة واحدة بل هناك مجموعة من الدول العربية ذات سياسات مختلفة، وبالرغم من الرابطة القومية بين هذه الدول وانتظامها في إطار منظمة حكومية إقليمية هي جامعة الدول العربية فإنها تنظر إلى مفهوم الأمن وآليات تحقيقه نظرة مختلفة (الرشدان، 1997، ص80).

إن معظم الدراسات التي تحدثت عن الأمن القومي العربي، اقتبست مصطلحاتها ومفاهيمها ومضمونها من الدراسات الأجنبية المتعلقة بالأمن الوطني وخاصة الصادرة باللغتين الفرنسية والإنجليزية، واستناداً إلى المصدر الأجنبي في تعريف الأمن القومي العربي تبين أن ما كتب عن الأمن القومي العربي على الرغم من قلته فإنه يندرج في ثلاثة اتجاهات: 1- الأمن القومي مرادف للأمن الوطني 2- الأمن القومي مرادف للأمن الإقليمي3- الأمن القومي مطلب قومي منشود (الكيلاني، 1998، ص65).

لقد أهتم كتاب ومفكرون عرب بتعريف مفهوم الأمن القومي العربي ويمكن أن نبرز أهم التعريفات على النحو الأتي:

1. إن الأمن القومي العربي بمفهومه الشامل يعني "" قدرة الأمة العربية على حماية كيانها الذاتي من الأخطار الداخلية والخارجية بما يضمن بقائها واستمرارها، ومن هنا فإن الأمن القومي العربي ليس قضية عسكرية فحسب ولكنه مسألة سياسية واقتصادية واجتماعية وثقافية، ومثل هذه المقومات لا تتحقق إلا في ظل قوة قومية تشمل الوطن العربي بكامله وتمتلك المصادر المحققة لهذه القوة من تطور علمي وتكنولوجي ووحدة سياسية واقتصادية متكاملة ووعي اجتماعي وثقافي "" (الرشدان،1997، ص91).

2. إن الأمن القومي العربي "" يستند في الأساس إلى وحدة الأمة العربية والى وحدة الانتماء والى مفهومي الأمة الواحدة والمصير الواحد، والأمن العربي ليس مجرد حاصل جمع الأمن الوطني للبلاد العربية المختلفة، بل إنه مفهوم يأخذ في اعتباره الأخطار والتهديدات الموجهة إلى هذه البلاد ويتخطاها "" (هلال، 1984، ص21).

3. عُرِّفَ الأمن القومي العربي على أنه "" قدرة الأمة العربية شعوباً وحكومات على حماية وتنمية القدرات والإمكانيات العربية على كافة المستويات من أجل تطويق نواحي الضعف في الجسد العربي سياسياً واقتصادياً واجتماعياً وعسكرياً، وتطوير نواحي القوة بفلسفة وسياسة قومية شاملة تأخذ في اعتبارها المتغيرات الداخلية والإقليمية والدولية المحيطة "" (نصر الله، 1999، ص59).

4. عرفه البعض بأنه "" تأمين المناعة الإقليمية والاستقرار السياسي والتكامل الاقتصادي بين أجزاء الوطن العربي، وتعزيز آليات وقواعد العمل المشترك بما فيها القدرة الدفاعية "" (مصالحة، 1984، ص27).

5. البعض عرفه "" هو قدرة الأمة العربية على حماية كامل التراب العربي ومنجزات الأمة وقيمها، سواء كانت التهديدات موجهه لقطر عربي بعينه، أو للأمة كلها "" (الحوات، 2002، ص346).

6. **أما بالنسبة لجامعة الدول العربية**، لم يكن مصطلح الأمن القومي العربي في منتصف الأربعينات من القرن المنصرم قد احتل مكانه في الخطاب السياسي، ولم يكن للشؤون العسكرية أو الأمنية شأن في ميثاقها بالرغم من اهتمام الميثاق بشؤون الجنسية والجوازات والتأشيرات وتنفيذ الأحكام وتبادل تسليم المجرمين، غير أن الجامعة فور تكوينها قد اصطدمت بأحداث الاحتلال الفرنسي لسوريا و لبنان في عام 1945م ولم يمض على تأسيس الجامعة وقتها أكثر من شهرين (الحوات، 2002، ص348).

لقد عبرت المواثيق الصادرة عن جامعة الدول العربية عن المفهوم الشامل للأمن القومي العربي، وفي هذا الإطار تم توقيع معاهدة الدفاع العربي المشترك

في 17 حزيران سنة 1950، والتزمت الدول الموقعة عليها بالمبادرة بدفع العدوان الذي يقع على أي منها، كما انبثقت من المعاهدة نفسها عدة مؤسسات وهيئات تنفيذية مثل مجلس الدفاع المشترك والهيئة الاستشارية العسكرية التي تخضع لإشراف لجنة عسكرية دائمة، بالإضافة إلى القيادة العامة الموحدة للجيوش العربية التي نشأت بمقتضى قرار مؤتمر القمة العربية في القاهرة عام 1964م (هلال، 2000، ص28-29).

لقد واجهت اتفاقية الدفاع العربي المشترك التي تمثل الركيزة الأساسية في تعزيز الأمن القومي العربي تحديات ومعوقات، وهو ما أدى إلى تجميدها، وأبرز هذه التحديات والمعوقات، حالة عدم الثقة التي أصابت العلاقات العربية – العربية منذ كارثة الغزو العراقي للكويت والخلافات العربية حول الحدود والأقليات والتباين بين أنظمة الحكم والعقائد السياسية واختلاف مدركات التهديد بين الدول العربية، الأمر الذي يخلق تناقضاً في التصورات السياسية للدول العربية وتصوراتها الإستراتيجية للتهديدات التي يتعرض لها الأمن القومي العربي (WWW.ISIAM.ONLIN.NET).

وبعد اندلاع أزمة الخليج الثانية عام 1990-1991 والتي أدت إلى اهتزاز ركيزة الأمن القومي العربي القائمة على أساس أن إسرائيل تعدّ مصدر التهديد الرئيسي لأمن المنطقة العربية، فلقد وقع العدوان من طرف عربي ضد طرف عربي آخر، ووجدت بعض الدول العربية نفسها تقف في خندق واحد مع إسرائيل في مواجهة بعضها البعض، مما دعا ذلك قيام جامعة الدول العربية مناقشة موضوع "" الأمن القومي العربي "" في دورة أيلول 1992، واتخذت بشأنه قراراً بتكليف الأمانة العامة بإعداد دراسة شاملة عن الأمن القومي العربي خلال فترة لا تتجاوز ستة أشهر تُعرض بعدها على مجلس الجامعة، لمناقشتها

في مجلس جامعة الدول العربية، وحددت الورقة ذلك المفهوم بأنه "" قدرة الأمة العربية على الدفاع عن أمنها وحقوقها وصياغة استقلالها وسيادتها على أراضيها، وتنمية القدرات والإمكانيات العربية في مختلف المجالات السياسية والاقتصادية والثقافية والاجتماعية، مستندة إلى القدرة العسكرية والدبلوماسية، آخذة في الاعتبار الاحتياجات الأمنية والوطنية لكل دولة، والإمكانات المتاحة، والمتغيرات الإقليمية والدولية التي تؤثر على الأمن القومي العربي (مشروع جامعة الدول العربية حول الأمن القومي العربي، 1993، ص3) .

لقد أخذت جامعة الدول العربية بالمضمون الشامل للأمن، حيث ربطت ربطاً عضوياً بين الأمن كقوة عسكرية وبين الجوانب المجتمعية للأمن القومي، وإذا كان هذا الربط سليماً من الناحية النظرية، فإن وثائق الأمن القومي في جامعة الدول العربية أخذت تغرق في التوسع في تلك الجوانب المجتمعية، حتى أصبح الأمن القومي حسب تلك الوثائق مقترناً بالتنمية الشاملة، والتحرر الوطني، والعدالة الاجتماعية، والأصالة الحضارية والثقافية، وإذا كان أيضاً هذا الربط سليماً من الناحية النظرية، فإن الجانب العملي منه يستدعي إعادة النظر فيه، فمنذ نشؤ جامعة الدول العربية، والدول العربية لا تزال تواجه أنواعاً متتابعة من المخاطر والتهديدات والتي لا تقل خطراً عن سابقاتها، إن لم تتفوق عليها بالفعل والتأثير، لهذا كان من منطق الأمور، و باستقراء التجارب على المستوى القومي، وبالاستناد إلى برامج التنمية الاقتصادية والاجتماعية التي تنفذها جميع الأقطار العربية، وإلى سعيها الدائم لتعزيز دفاعاتها القُطرية وقواتها المسلحة التوجه إلى التركيز على الأمن العسكري دون غيره من أنواع الأمن التي حصرت في دائرة الأمن القومي، وقد يكون

في الرجوع إلى المضمون الإستراتيجي السياسي والعسكري لمفهوم الأمن القومي دون سائر المضامين التي تلازم الأمن القُطري، إدراك واقعي لكينونة الدولة القطرية العربية ولطبيعة العلاقات العربية البينية ولإمكانية توظيفها لمصلحة الأمن القومي (الكيلاني، 1998، ص73).

يقوم الأمن القومي العربي على مجموعة من الركائز لتحقيق الرخاء والوصول إلى المعدلات العالية في الاقتصاد تتمثل بالآتي: (الحوات، 2002، ص359)

1- تأكيد الاستقلال الاقتصادي والسياسي، وامتلاك الإرادة الحرة في مواجهة الخطر .

2- تحقيق الرخاء الاجتماعي تسبقه الكرامة الاجتماعية وإطلاق الطاقات البشرية الكامنة للشعوب العربية.

3- توفير الحقوق الاقتصادية والاجتماعية والسيادية للأفراد وللدول على حد سواء وهو ما يتفق مع مفهوم الأمن.

4- توفير الإرادة السياسية في تحقيق الأمن العربي الذي يتطلب مجموعة من الإجراءات الكفيلة بالمحافظة على أهداف وكيان وأمان المنطقة العربية في الحاضر والمستقبل.

وقبل ختام الحديث عن مفهوم الأمن القومي العربي، لابد من الإشارة إلى أن البعض يخلط بين مفهوم الأمن القومي العربي وأمن الشرق الأوسط، علماً بأنه توجد أوجه اختلاف بين المفهومين تظهر من خلال النقاط التالية:- (هلال، 1986، ص22-23)

1- إن مفهوم الشرق الأوسط أرتبط بظروف الحرب الباردة وتطورات العلاقة بين طرفيها الرئيسيين – الولايات المتحدة الأمريكية والاتحاد السوفياتي السابق، ومن ثم فقد ارتبط هذا المفهوم بسعي الولايات المتحدة الأمريكية لحصار الاتحاد السوفياتي وإقامة قواعد عسكرية وتحالفات سياسية مرتبطة بالغرب على حدوده. وفي المقابل انطلق مفهوم الأمن القومي العربي من إدراك الدول العربية للتهديدات الإقليمية الموجهة لها، والتي تمثلت بصفة أساسية في المواجهة مع إسرائيل.

2- إن مشروعات أمن الشرق الأوسط افترضت دائماً تعاون دول عربية مع دول إقليمية غير عربية لتحقيق هذا الأمن، ومثال ذلك حلف بغداد 1955م الـذي ضـم بـين أعضائه كلاً مـن العراق وإيران وباكستان، علاوةً على المملكة المتحدة، وفي المقابل ركز الأمـن القومي العربي على توثيق العلاقات بين الدول العربية.

3- إن مفهوم الشرق الأوسط في كثير من أطروحاته تضمن مشاركة إسرائيل بشكل مباشـر أو غير مباشر، وهــو مـا يتناقض مع جـوهر مفهوم الأمــن القومي العربي.

ومن هنا يمكن القول أن الفكر السياسي العربي لم ينته بعد إلى صياغة محـددة لمفهـوم "" الأمن القومي العربي "" يواكب تحولات المناخ الإقليمي والـدولي وتوازناته وانعكاسـاته عـلى تصور وأبعاد هذا الأمن، وإن هذا الموضوع ما زال مطروحاً للتحليل ومفتوحاً للمناقشـة رغـم كل ما كتب عنه.

أثر الأمن القومي العربي كمتغير داخلي على الدبلوماسية العربية تجاه الأزمة العراقية:

يعتبر سقوط بغداد بتاريخ 9 نيسان عام 2003م تاريخ البدء الفعلي للاحتلال الأميركي للعراق، ومنذ ذلك فقد وقعت الأمة العربية في آخر مراحل الانحطاط أو الانكسار في تاريخها، فقد وجدت معظم الدول العربية نفسها مرتعاً للقواعد الأميركية ومحاطة من عدّوين قاسيين أميركا وإسرائيل.

وهذا الاحتلال الأميركي للعراق، لم تستطع الولايات المتحدة الأميركية وحلفائها تبريره، فقد سقطت كل الحجج التي قدمتها، وقعت مقولة نزع أسلحة العراق، لأن لجان التفتيش لم تستطع إثبات وجود هذه الأسلحة، وكذلك القوات المعتدية لم تقدم دليلاً ملموساً على وجود هذه الأسلحة (إسماعيل، 2003، ص2) .

ولبيان أثر الأمن القومي العربي كمتغير داخلي على الدبلوماسية العربية تجاه الأزمة العراقية (الحرب الأميركية على العراق) فإنه من المفيد التذكير بموقف الشعوب العربية من هذه الأزمة من خلال موقف الاتحاد البرلماني العربي الذي جاء في ختام جلسته الطارئة للدورة (33) والمنعقدة في عمان بتاريخ (27 كانون الأول 1998) والتي تضمن جدول أعمالها بنداً واحداً تحت عنوان "" العدوان الأميركي البريطاني على العراق وموضوع رفع الحصار عن شعبه الشقيق "" قد أدان العدوان الأميركي - البريطاني على العراق إدراكاً منه للمسؤولية القومية وللخطورة التي يشكلها العدوان الأميركي البريطاني على الأمن القومي العربي برمته والذي يخدم المصلحة الإسرائيلية (www.beirut.center.inf/default.asp).

لقد بين الإتحاد البرلماني العربي بهذا الخصوص الأخطار المحدقة بالأمة العربية وأقطارها ومسؤولية الحكومات العربية على الصعيد القومي لا سيما ضرورة عقد مصالحة عربية تعيد للتضامن العربي لحمته وتصون الأمن القومي العربي بالاعتماد على القدرات العربية الذاتية، وتضمن تفعيل مؤسسات العمل العربي المشترك، وعلى رأسها جامعة الدول العربية.

أما بعد أن بدأت الحرب فعلياً، فإن أول ما يلفت الانتباه هو أن الدول العربية بدلاً من تهيئة الوسائل للدفاع عن العراق، نجدها تفتح حدوده أمام القوات الأمريكية، فتسمح للسفن الأمريكية بالمرور بأراضيها، وتجيز للطائرات المغيرة أن تنطلق أو تعبر من أقاليمها، وتتغاضى عن الصواريخ الموجهة إلى العراق من خرق مجالاتها، وتزود الآلات الأمريكية بالوقود، وتقدم للقوات الأمريكية المأوى والمقر ونقاط الانطلاق، وتدرب هذه القوات على الحرب في الصحراء عبر المناورات العسكرية التي أجرتها الجيوش العربية مع القوات الأمريكية في أكثر من قطر عربي، وتطرد الدبلوماسيين العراقيين بدلاً من طرد الدبلوماسيين الأميركيين، وتدعو العراق إلى الاستسلام (جريدة السفير، 2003، ص14).

وبعد اشتداد حدة الحرب وصمود القوات العراقية في الأسابيع الأولى، وازدياد حدة غضب الشارع العربي وما تبعه من اندفاع الآف المقاتلين من مختلف الأقطار العربية إلى نجدة الشعب العراقي وخروج المظاهرات المنددة بالعدوان في مختلف الدول العربية، وكل هذه الأمور دفعت الأنظمة العربية إلى اتخاذ موقف من هذا العدوان الذي تتحمل بعض الدول العربية المسؤولية عنه، لأنه لم يكن من الممكن أن يحصل على الإطلاق، لو أن الدول العربية أغلقت أراضيها وأجوائها وبحارها بوجه القوات المعادية للعراق.

نتيجة لذلك أجتمع مجلس جامعة الدول العربية في القاهرة بحضور الأمين العام لجامعة الدول العربية، وأصدر بتاريخ 24 آذار 2003 بياناً وصف في ديباجته الحرب الأميركية البريطانية على العراق بأنها عدوان على العراق، وأدان في مادته الأولى العدوان الأميركي البريطاني على العراق الدولة العضو في الأمم المتحدة وجامعة الدول العربية، واعتبر في المادة الثانية أن هذا العدوان يشكل انتهاكاً لميثاق الأمم المتحدة ولمبادئ القانون الدولي وخروجا على الشرعية الدولية وتهديدا للأمن والسلم الدوليين وتحدياً للمجتمع الدولي والرأي العام العالمي الذي طالب بحل المنازعات الدولية بالطرق السلمية والاحتكام إلى قرارات الشرعية الدولية (جريدة السفير، 2003، ص16).

إن الإقرار بأن هذا التصرف الذي تنتهجه الولايات المتحدة الأمريكية وبريطانيا بأنه عدوان، فان هذا الإقرار يرتب التزامات على عاتق الدولة العربية التي صوتت على هذا البيان، وهذه الالتزامات تجد سندها في اتفاقيات الدفاع المشترك كما تفرضها ضرورات الأمن القومي العربي، خاصة وأن الدول العربية تتغنى بأنها تحترم تعهداتها الدولية، ولا تستطيع أن تفرض على الدول المعتدية بسبب ارتباطها مع هذه الدول بالتزامات سابقة، فهل هذه المعاهدات هي أقدس من اتفاقية الدفاع العربي المشترك، أو ميثاق جامعة الدول العربية؟.

على الرغم من أن الدول العربية لم تنجح في إقرار تعريف للأمن القومي العربي، وعلى الرغم من عدم الاتفاق على تعريف موحد للأمن القومي العربي، فإن هذا لا يعني عدم وجود أمن قومي عربي ينبغي الموافقة عليه وحمايته، فحركة المجتمع في أي قطر عربي تتم في ضوء حركة تطور الأمة

العربية وليس بمعزل عنها، أي أنها حركة الجزء في الكل، والأخطار التي يتعرض لها أي قطر عربي تصيب بصورة مباشرة أو غير مباشرة الأقطار العربية الأخرى لأنها تتجه في حقيقة الأمر إلى الأمة العربية ككل لتنال من الوجود القومي برمته، فالمصالح المشتركة والأصالة الحضارية ووحدة العقيدة واللغة والمصير قد حتمت على الأمة العربية جمعاء شعوباً وحكومات أن تتعاون وتتآزر لدفع الأطماع الخارجية ومواجهة التكتلات الدولية،وبالتالي أصبح امن الدول العربية مجتمعة هو بحد ذاته الأمن المقيم لكل واحد منها على حدا.

لم تستطيع الدبلوماسية العربية في خضم الحرب الأمريكية على العراق الأخذ بمفهوم الأمن القومي العربي المرادف للأمن الوطني الذي تحتج به الدول العربية كذريعة لعدم مساندة العراق معتبرةً أن حماية الأمن الوطني يسود على أية وظيفة أخرى للدولة، حتى انه من المنظور الضيق للأمن القومي العربي، فأن جميع الدول العربية مهددة بالعدوان الأمريكي، ويتضح ذلك من خلال التهديدات الأمريكية التي أطلقتها بوجه عدد كبير من الدول العربية و سمتها بالاسم، وخير مثال على ذلك ما كشف عنه وزير الخارجية الأمريكي الأسبق (كولن باول) إلى شبكة إن بي سي في 4 آيار 2003 عن أن الزعيم السوري بشار الأسد يدرك أن الكونغرس الأمريكي يتابع خطواته عن كثب وان أعضاء الكونغرس يفكرون بمشروع قانون لمحاسبة سوريا، وان صدور مثل هذا القانون سيضر ـ بمصالح سوريا (موقع وزارة الخارجية الأمريكية على شبكة الانترنت.2003).

كما أن إسرائيل بعد الاحتلال الأمريكي - البريطاني للعراق قد عملت على استغلال هـذا التطور الدراماتيكي الكبير في الخارطة الإستراتيجية

للشرق الأوسط، لتوجيه السياسة الأمريكية باتجاهات أخرى بعيداً عن قضية الصراع العربي - الإسرائيلي، وتحاول في هذه المرحلة التأثير على السياسة الأمريكية من أجل استكمال ما بدأته أمريكيا في العراق ليشمل سوريا وإيران وربما السعودية ومصر لاحقاً، ومن الواضح أن التركيز ينصب على سوريا، فبعد احتلال العراق بات المشرق العربي مكشوفاً لإسرائيل، وسوريا هي التي تشكل فيه نوعاً من التحدي لإسرائيل وهي التي تبدي الممانعة للسياسات الأمريكية، ولقد وجه الرئيس الأمريكي بوش الابن في خطابه الشهير الذي ألقاه يوم 24 تموز 2002 حول الشرق الأوسط تحذيراً واضحاً للأنظمة العربية التي تعتبر مناوئة للسياسة الأمريكية وخصص من بينها سوريا، وقال بوش في خطابه "" الدول إما أن تكون معنا أو علينا في الحرب على الإرهاب وكل زعيم ملتزم فعلياً بالسلام سينهي التحريض على العنف ويجب على سوريا أن تأخذ جانب الحق في الحرب على الإرهاب بالقيام بإغلاق معسكرات الإرهابيين وطرد المنظمات الإرهابية، وجدير بالزعماء الراغبين في أن تشملهم عملية السلام أن يظهروا بأفعالهم تأييدهم التام للسلام وبناء علاقات أوثق دبلوماسياً وتجارياً مع إسرائيل مما يؤدي إلى تطبيع تام للعلاقات بين إسرائيل والعالم العربي بأسره "" (كيالي، 2003، ص13).

ومن هنا يمكن القول أن الأمن القومي العربي كما تبين سابقاً أنه من أهم المتغيرات الداخلية التي أثرت على الدبلوماسية العربية تجاه الأزمة العراقية (الحرب الأمريكية البريطانية على العراق) بحيث كان له تأثير بارز على مدى فعالية الدبلوماسية العربية نتيجة لتمسك كل دولة عربية بأمنها الوطني والقطري دون النظر إلى الأمن القومي العربي الأمر الذي قيد حركة

الدبلوماسية العربية الجماعية، وأن الوحدة العربية الشاملة أو على الأقل التضامن العربي هو المطلب العربي في كل مكان وزمان لبناء قدرة فعّالة لحماية الأمن القومي العربي ويتم ذلك عبر قيادة سياسية ترتبط بها القيادة العربية الموحدة وتتلقى منها توجيهاتها، كما إن القيادة الموحدة بدون وحدة عسكرية عربية لا يمكن أن تنجح في أداء مهمتها أيضاً، لذا فإن تفعيل دور جامعة الدول العربية هو البداية، تليه إحياء معاهدة الدفاع المشترك الأمر الذي ينعكس إيجاباً على فعالية الدبلوماسية العربية.

ثانياً: الاقتصاد العربي:

تبلغ المساحة الكلية للوطن العربي حوالي 14,2 مليون كم2 بما نسبته 10,2% من المساحة الكلية للعالم، وبلغ عدد السكان العرب في عام 2006 حوالي 318,3 مليون نسمة بنسبة 4,8% من سكان العالم، وتبلغ نسبة الاحتياطي النفطي العربي المؤكد 57,6% من الاحتياطي العالمي، ومن الغاز 29,5% كما يبلغ إنتاج البترول العربي 23 مليون برميل يومياً، وتبلغ عوائد الصادرات العربية النفطية 419,1 مليار دولار في الوقت الذي يبلغ فيه الدين العام الخارجي للدول العربية المقترضة 137 مليار دولار فوائدها السنوية مليار دولار (التقرير الاقتصادي العربي الموحد، 2007).

لقد سعت الدول العربية منذ بداية استقلالها إلى إقامة علاقات اقتصادية تعكس عمق الروابط العربية القائمة فيما بينها، وكان التعاون الاقتصادي يمثل الشكل الأول الذي تبنته الدول العربية لتجسيد خصوصية علاقاتها الاقتصادية وضمنتّه ميثاق تأسيسها وكافة الاتفاقيات الاقتصادية المتعددة الأطراف المعقودة فيما بينها تحت إطار جامعة الدول العربية، وقد

جاءت الوثائق التأسيسية لجامعة الدول العربية والمعاهدات والاتفاقيات المعقودة في إطارها تجسيداً لمبدأ السيادة الوطنية للدول العربية، وقد نص ميثاق جامعة الدول العربية على أن الغرض من الجامعة توثيق الصلات بين الدول المشتركة فيها وتنسيق خططها السياسية تحقيقاً، وصيانةً لاستقلالها وسيادتها، ثم جاءت معاهدة الدفاع المشترك، والتعاون الاقتصادي بين دول الجامعة العربية (نيسان1950) لتثبيت مفهوم التعاون الاقتصادي، وبعد ذلك أبرمت الدول العربية اتفاقية بشأن تسهيل البناء التجاري وتنظيم تجارة الترانزيت بين دول الجامعة العربية في عام 1953، كأول اتفاقية اقتصادية تفضيلية متعددة الأطراف تعقد بين الدول العربية في إطار الجامعة، وتم إقرارها من قبل مجلس الجامعة العربية، الذي يمثل الإطار السياسي لعمله، وركزت الاتفاقية بشكل أساسي على منح التفضيلات الجمركية على شكل إعفاءات من الرسوم الجمركية للسلع الوطنية العربية المتبادلة بين الدول العربية، ولم يرد في أهدافها الوصول إلى أي شكل من أشكال التكامل الاقتصادي بين الدول العربية الأعضاء فيها (سليمان، 2008، ص10-11).

شهدت مسيرة العمل الاقتصادي العربي المشترك، في إطار جامعة الدول العربية عبر مسيرة ستينَ عاماً منذ تأسيس جامعة الدول العربية عام 1945، محاولات متكررة لبناء التكامل الاقتصادي، بدأت بإقرار اتفاقية إنشاء السوق العربية المشتركة (قرار رقم 17) ووصلت الدول العربية أعضاء السوق العربية المشتركة نظرياً إلى إقامة منطقة تجارة حرة فيما بينها عام 1970، إلا أنها لم تجد التطبيق العملي، ولم تمكن مجلس الوحدة الاقتصادية العربية من النجاح في تحقيق السوق العربية المشتركة (1964)، لا بمفهومها الواسع أو التفسيرات الضيقة التي اقتصرتها على السوق السلعية الذي كان

يهدف إلى إقامة اتحاد جمركي بين الأعضاء تتحرر فيه معاملاتها المشتركة من كافة الرسوم الجمركية (عبد العال، 2001، ص1).

وجاءت بعد ذلك اتفاقية تيسير وتنمية التبادل التجاري بين الدول العربية التي أقرها المجلس الاقتصادي عام 1981 ودخلت حيز التنفيذ عام 1983 وعدد الدول العربية الأعضاء فيها (16) دولة، كمحاولة لإيجاد صيغة جديدة للعلاقات الاقتصادية العربية بعد أن تم تجميد وثائق القمة الاقتصادية العربية وانحسار العمل باتفاقية مجلس الوحدة الاقتصادية العربية وتعثر تطبيق قراره بإقامة السوق العربية المشتركة، وربطت اتفاقية تيسير وتنمية التبادل التجاري بين تحرير التجارة وهدف إقامة تكامل اقتصادي عربي انطلاقاً من الواقع الاقتصادي العربي، ودعت إلى تبني منهج التحرير المتدرج للتجارة البينية وتطبيقه بأسلوب مرن يأخذ بعين الاعتبار المصالح الاقتصادية للدول العربية، كما أن الاتفاقية ربطت بين هدف تحرير التجارة وتطور الإنتاج، فهي تسعى إلى تنمية التجارة من خلال تطوير قدرتها التصديرية إلى الأسواق العربية، ولكن لم تلقى هذه الاتفاقية حظاً أفضل من قرار السوق العربية المشتركة حيث تعثر تطبيقها ووصلت إلى حالة من الجمود والتوقف عن التطبيق الفعلي في الدول العربية بعد مرور عشر سنوات على إقرارها (سليمان، 2008، ص13).

لقد تم إعادة النظر في أسلوب تطبيق اتفاقية تيسير وتسهيل التبادل التجاري من خلال إقرار البرنامج التنفيذي لتفعيل هذه الاتفاقية بين الدول العربية في عام 1997، بهدف إقامة منطقة تجارة عربية كبرى تشمل كافة الدول العربية بأسلوب متدرج خلال فترة زمنية محددة بعشرة سنوات، وقد

لقي هذا البرنامج التنفيذي الدعم السياسي الكامل مـن قبـل الـدول العربيـة (قـرار المجلـس الاقتصادي والاجتماعي رقم 1317 تاريخ 1997/12/19).

ويعد قرار إقامة منطقة التجارة العربية الكبرى في بداية عام 2005 انجازاً نفـذه العـرب خـلال الفترة الماضية، إذ أنـهى رسـوم الجمارك، حيـث يـتم عرضه في الوقـت الحاضـر عـلى الـدول العربية لمواكبة المستجدات التي طرأت على الساحة العالمية حتى يتم تطبيقـه فـي مرحلـة الاتحـاد الجمركي العربي (www.xinhuanet.com).

وتلعب العوامـل الاقتصادية دوراً مركزياً في اختبـارات الدبلوماسية العربيـة، لان تنفيـذ معظم السياسات يتطلب توفير المـوارد الاقتصادية، فالموارد الاقتصـادية تحـدد قـدرة الـدول العربية على الدخول في سباقات التسلح ذات التكاليف الباهظة، والتبادل التجاري أو تحقيـق فائض ميزان المدفوعات وإذا حاولنا أن نقارن بين الأثر النسبي للعوامل الاقتصادية والعوامـل السياسية والأمنية على السياسات الخارجيـة للـدول العربيـة بشـكل عـام وعـلى الدبلوماسية العربية بشكل خاص، نجد مـن الصعب الفصل بين هـاتين المجموعتين مـن العوامـل لأن الأدوات الاقتصادية عادة ما تستخدم لتحقيق أهداف سياسية وأمنية.

بالرغم من أن الأمن الوطني هو العامل الأول المحرك للتصرفات الاقتصادية فإنـه يجب إلا يتم إغفـال كثيراً من السياسات التي تبرر على أسـاس الأمـن الـوطني، إنما هـي سياسات تحركها المصالح الاقتصادية.

وبالنسبة للاقتصاد العربي كمتغير من المتغيرات المؤثرة عـلى نشـاط الدبلوماسية العربيـة تجاه الأزمة العربية، فقد أدت الأزمة العراقية إلى ضعف

التجارة البينية العربية والذي يقدر في عام 2005 بنحو 8%، مما يشكل أكبر التحديات التي تواجه الاقتصادات العربية خاصة وأن العالم العربي يستورد (92%) من احتياجاته من الخارج نظراً لقلة السلع والصناعات، بالإضافة إلى أن الأزمة العراقية أدت إلى إحداث تغيرات في أسعار النفط، حيث كان لارتفاع الأسعار في أسواق النفط العالمية أثر ايجابي بشكل مباشر على بعض اقتصاديات الدول العربية المصدرة للنفط، وأثر سلبي أدى إلى حدوث زيادة في عجز ميزان المدفوعات لدى الدول العربية المستوردة للنفط، وبالتالي زادت معدلات التضخم لديها، وأدى ارتفاع أسعار النفط العالمية إلى زيادة الناتج المحلي الإجمالي لبعض الدول العربية مثل دول الخليج العربي من (1092) مليار دولار في عام 2006 إلى (1276) مليار دولار في عام 2007، وفي الوقت نفسه سجلت معظم الدول العربية المستوردة للنفط اتجاهات تصاعدية لمعدلات التضخم في أسعار المستهلك بسبب ارتفاع حجم الطلب المحلي وزيادة أسعار الواردات (التقرير الاقتصادي العربي الموحد، 2007).

كما أدت الأزمة العراقية أيضاً إلى زيادة مصاريف الدفاع في الدول العربية، خلال الأعوام 2001-2002-2003، حيث بلغت مصاريف الدفاع الخاصة بالدول العربية عام 2001 حوالي 4,693 مليون دولار وفي عام 2002 وهي السنة التي تلت أحداث الحادي عشر من أيلول عام 2001 بلغت مصاريف الدفاع في الدول العربية حوالي 39,330 مليون دولار، ومن ثم ارتفعت إلى حوالي 40,772 مليون دور.

ويظهر ذلك من خلال (الجدول المرفق رقم 1) الذي يبين مصاريف الدفاع في بعض الدول العربية خلال الفترة ما بين عام 2001 - 2003.

الجدول رقم (1)

مصاريف الدفاع في بعض الدول العربية

2003 - 2001

(مليون دولار أمريكي)

الدولة	2001	2002	2003
الجزائر	1.943	2.098	2.206
البحرين	3.34	332	61
مصر	3.2	3.3	2.732
الأردن	755	776	886
الكويت	2.909	3.384	3.794
لبنان	588	539	512
ليبيا	1.071	545	742
المغرب	1.384	1.545	1.826
موريتانيا	17	18	19
عُمان	2.107	2.518	2.468
قطر	1.69	1.855	1.923
السعودية	21.06	18.5	18.75
سوريا	1.135	1.212	1.522
تونس	321	332	494
الإمارات	1.642	1.642	1.642
اليمن	542	731	798
المجموع	**40.69**	**39.33**	**40.77**

(مجلة الميدل ايست ديجست (ميد)، 28 كانون الثاني/ 2005، ص5).

ولقد تأثرت التجارة العربية البينية بالأزمة العراقية خلال الأعوام 2002-2004 ويظهر ذلك من خلال بيان التأثيرات الواقعة على صادرات وواردات بعض الدول العربية المبينة في (الجدول المرفق رقم 2).

الجدول رقم (2)

حجم التجارة العربية البينية خلال الأعوام 2002- 2004

الصادرات والواردات

دولار أمريكي

الواردات		الصادرات		الدولة
2004	2003	2004	2003	التجارة البينية
2.450.40	1.545.52	1.471.63	1.166.22	الأردن
4.362	2.541	4.110	3.385	الإمارات
2.317.08	1817.77	959.3	618.3	البحرين
773.97	685.29	584.63	563.12	تونس
2.582	1.690	8.586	5.726	السعودية

(سليمان، 2008، 36).

يبين الجدول رقم (2) أن التجارة البينية العربية تأثرت بالأزمة العراقية حيث يوجد اختلاف بين صادرات وواردات الدول العربية في عام 2003 عنه في عام 2004، حيث أن الحرب الأمريكية على العراق واحتلاله عام 2003 أثّر سلباً على حجم التجارة البينية بين الدول العربية، الأمر الذي انعكس سلباً على فعالية الدبلوماسية العربية نتيجة اهتمام كل دول عربية بمصالحها الاقتصادية القُطرية العربية.

ولقد قدرت الأوساط الاقتصادية العربية حجم الخسائر الواقعة على المنطقة العربية خلال السنة الأولى من الحرب الأمريكية على العراق بحوالي عشرة مليارات دولار كآثار مباشرة، فيما تقدر تلك الأوساط حجم الخسائر غير المباشرة بحوالي (100) مليار دولار وهي خسائر خروج الاستثمارات من المنطقة العربية والتي تسعى تلك الدول إلى تعزيز معدلات النمو لديها وترى المؤسسات والدوائر الاقتصادية بأن الحرب الأمريكية على العراق أثرت سلباً على الاقتصاد العربي بوجه خاص وعلى الاقتصاد العالمي بوجه عام. حيث يقدر حجم التبادل التجاري بين الدول العربية والولايات المتحدة الأمريكية سنوياً بحوالي (55) مليار دولار وذلك قبل بدأ الحرب الأمريكية على العراق، ولكن بعد ذلك تراجع حجم التبادل التجاري بينهما إلى (30) مليار دولار، كما أن الاستثمارات الأمريكية بالمنطقة العربية أخذت تتراجع بعد الحرب، إضافة إلى أن هناك العديد من الدول العربية لديها علاقات اقتصادية مباشرة مع العراق وغير مباشرة من خلال برنامج الأمم المتحدة (النفط مقابل الغذاء) حيث أن سبع دول تعمل وفق هذا البرنامج التي تشرف عليه هيئة الأمم المتحدة وتقدر عقودها بما يزيد عن تسعة مليارات دولار، وقدرت منظمة العمل العربية أن ضرب العراق أثر سلبا على الاقتصاد العربي خاصة في مجال القوى البشرية حيث يبلغ حجم القوى العاملة بالوطن العربي ما يزيد عن (110) ملايين عامل ولديها بطالة تزيد عن (165) بالمائة من المتوسط، حيث قدرت منظمة العمل العربية الخسائر التي ستكلف الوطن العربي من تعطيل هذه القوى العاملة بحوالي خمسة مليارات دولار على المدى البعيد وكنتيجة للحرب الأمريكية على العراق مباشرة (www.guraf.org).

بالإضافة إلى أن الحرب الأمريكية على العراق كان لها أيضاً آثار سلبية على المنطقة العربية من حيث انحسار الحركة المغذية للاقتصاديات العربية كالسياحة التي تدهورت نشاطاتها بشكل كبير كل ذلك أثر على الاقتصاد العربي، فالنشاط الصناعي العربي أصبح يعاني من صعوبات عديدة على الرغم من أن عدداً من الصناعات العربية زادت وتيرة تصديرها بعض الشيء إلا أن العدد الأكبر من هذه الصناعات توقف تصديرها، مما أدى إلى إقفال مصانع وتسريح عدد من العمال الأمر الذي أدى إلى عزوف الشركات العالمية والمصانع الأجنبية عن التصنيع داخل الوطن العربي، وحسب توقعات الاقتصاديين العرب فان الوضع الاقتصادي العربي سائر نحو الأسوأ وليس نحو الأفضل كما تحاول الحكومات أن تصوره، وكل المؤشرات ومنها الانكماش الاقتصادي والوضع الزراعي والاقتصادي تعاني من الركود، وأصبحت أعداد البطالة خطيرة في معظم الدول العربية (مجلة الفداء، 2007، ص1).

بعد هذا الإيضاح المتعلق بما تعرض له الاقتصاد العربي في ظل الحرب الأمريكية على العراق، فإنه يجب الإجابة عن السؤال التالي: كيف كان الاقتصاد العربي متغيراً له تأثير سلبي على نشاط الدبلوماسية العربية تجاه حل الأزمة العراقية؟ وسيتم الإجابة عن هذا السؤال من خلال بيان أهم المصالح الاقتصادية العربية المرتبطة مع الولايات المتحدة الأمريكية حيث تشمل هذه المصالح ما يلي:

أولاً- التبادل التجاري العربي الأمريكي:

تشكل الولايات المتحدة الأمريكية مجالاً مهماً للتجارة الخارجية العربية، حيث تشكل السوق الأمريكية مجالاً واسعاً للصادرات الأولية العربية وبالذات النفط، كما أنها تعتبر مصدراً للسلع المصنعة وللتكنولوجيا، وتعتبر المملكة العربية السعودية أهم شريك عربي للولايات المتحدة الأمريكية، وتتمتع بعض الدول العربية بنظام الأفضلية التجارية في التعامل مع الولايات المتحدة الأمريكية ومن هذه الدول جمهورية مصر العربية، ولقد ساهمت الواردات العربية في خفض العجز التجاري وتخفيف حدة تباطؤ الاقتصاد الأمريكي في الربع الأخير من عام 2007، حيث احتفظت الصادرات النفطية بزخم قوي رفع حجم المبادلات التجارية من الصادرات والواردات العربية الأمريكية إلى 130 مليار دولار، وإن الصادرات الأمريكية ارتفعت 17,2مليار دولار بنسبة 13,6% في شهر ديسمبر عام 2007، بعكس تباطؤ زيادة الواردات بنسبة 8,4% مما أدى إلى خفض العز التجاري بمقدار 1,5بليون دولار، وقد سجل شهر ديسمبر 2007 أضعف معدلات النمو الشهرية للصادرات الأمريكية في عام 2007، وقد انتهى إلى خفض العجز التجاري بمقدار 47 بليون دولار وتقليص عبئه على الناتج المحلي إلى 5,1% مقارنة بحوالي 5,7% في عام 2006 وتراجعت قيمة العجز التجاري من 760 مليار دولار في عام 2006 إلى اقل من 712 مليار دولار في عام 2007 منخفضة بنسبة 6%، وإن أسعار النفط دعمت الصادرات العربية النفطية وغير النفطية، وبلغت قيمتها 85 مليار دولار في عام 2007م مرتفعاً بمقدار 10مليار دولار وبنسبة 13% بالمقارنة مع عام 2006، وزادت إيرادات الدول العربية الرئيسية المصدرة للنفط الخام، الذي شكل 79% من الصادرات العربية الإجمالية وبنسبة

12% في المتوسط باستثناء ليبيا التي بلغت نسبة الزيادة في إيراداتها 33,5%، وبلغت قيمة الواردات العربية من الولايات المتحدة الأمريكية ما نسبته 34% إذ زادت الواردات السعودية 37% مرتفعة إلى 10,4 مليار دولار، وتضاعفت الواردات القطرية إلى 2,8 مليار دولار، واقتربت واردات المغرب من مستوى المليار للمرة الأولى وتجاوزته إلى 1,3 مليار دولار وبلغت الزيادة في الواردات الأردنية ما نسبته 30% (860) مليار دولار، وبلغت الواردات الجزائرية ما نسبته 45% (1,7) مليار دولار (مكتب التحليلات الاقتصادية – وزارة الخارجية الأمريكية، 2008).

ثانياً- المصالح الاستثمارية:

يعتبر النشاط الاستثماري أحد الجوانب المهمة للنشاط الاقتصادي سواء بالنسبة للدول التي تستقبل الاستثمارات أو التي تصدرها، فالدول العربية متوسطة ومنخفضة الدخل بحاجة إلى الاستثمارات الأجنبية لتحقيق معدلات النمو المطلوبة، وتتركز معظم الاستثمارات الأمريكية في الدول العربية بالقطاع الإستراتيجي، وبالذات التنقيب عن النفط واستخراجه، وتأتي الاستثمارات الأمريكية في الدول العربية في المرتبة الثانية بعد استثمارات الاتحاد الأوروبي في تلك الدول (عبد الفضيل، 2004، ص90-91).

وإن حصة الدول العربية من الاستثمار الأجنبي كنسبة من التدفق العالمي البالغ 1833 مليار دولار، انخفضت من 4,4% إلى 3,9% في عام 2007 ويسجل 72,4 مليار دولار، بنحو 17% عن عام 2006، وإن الدول العربية المصدرة للنفط تأتي في مقدمة لائحة الدول المستقطبة للاستثمار الأجنبي المباشر، وإن الاستثمارات الأجنبية المباشرة في المنطقة العربية تركز على

مشروع الخدمات وقطاعات أخرى يمكن توظيف الاستثمارات فيها وتكون مجدية، وتحديداً القطاع الزراعي في ظل ارتفاع الأسعار العالمية للسلع الغذائية، وتركزت هذه الاستثمارات في عدد من الدول، مثل السعودية والإمارات ومصرـ إذ بلغت الاستثمارات المتدفقة إليها 49 مليار دولار مشكلة 67% من الاستثمارات الإجمالية البالغة 72,4 مليار دولار، واحتلت السعودية المرتبة الأولى عربياً ووصل حجم تدفق الاستثمار الأجنبي المباشر فيها 24,3 مليار دولار بزيادة 33% عن عام 2006، تلتها الإمارات بحوالي 13,3 مليار دولار ثم مصرـ بحوالي 11,6 مليار دولار، وحل لبنان رابعاً بتدفقات بلغت 2,8 مليار دولار، ثم 2,6 مليار دولار وليبيا 2,5 مليار دولار، وفي الأردن 1,8 مليار دولار (تقرير الاستثمار العالمي، لعام 2008).

ثالثاً- المساعدات الأمريكية للدول العربية:

إن من أهم المصالح الاقتصادية العربية مع الولايات المتحدة الأمريكية مصلحة المساعدات التي تقدمها الولايات المتحدة الأمريكية إلى بعض الدول العربية، وتشمل هذه المساعدات الأمريكية للدول العربية المساعدات العسكرية والاقتصادية، وتعتبر جمهورية مصرـ العربية أكبر الدول العربية تلقياً للمساعدات الأمريكية، حيث بلغت المساعدات الاقتصادية السنوية الأمريكية المقدمة لمصر بحدود 600 مليون دولار والمساعدات العسكرية في حدود 1,3 مليار دولار (موقع الانترنت إخوان لاين، 2008)، وبلغت المساعدات الأمريكية للأردن حسب تقرير وزارة الخارجية الأمريكية الصادر في شباط ما يلي: 352 مليون دولار عام 2001 و 172 مليون دولار عام 2002 (www.freearab.voice.org).

رابعاً- المديونية العربية:

تقع معظم الـدول العربيـة في إطار دول العـالـم الثالـث المدينـة، ومعظم هـذه الديون مستحقة للولايات المتحدة الأمريكية، وتكمن المصلحة الاقتصادية العربية في قضية المديونيـة من خلال تخفيف عبء تلك الـديوان أو إسقاطها، وإن القيمـة التراكميـة للديون الخارجية للدول العربيـة تراجعت بنسبة 8,1 % في عام 2006 لتصل إلى 135,9 مليار دولار مقارنـة مـع 147,8 مليار دولار عام 2005، وذلك بعد الارتفاع الذي سجلته خلال الفترة من عام 2002 إلى عام 2004، وقد تأثر الدين العام الخـارجي للـدول العربيـة المقترضة في عـام 2006 بعاملين رئيسيين يتمثلان في السداد المبكـر لجـزء مـن المديونية الخارجية لبعض الدول العربية – وارتفاع المديونية الخارجية المقومة بالدولار مـن جـراء انخفاض سـعر صرف الـدولار مقابل العمـلات الرئيسية الأخرى وخاصة عملة الاتحـاد الأوروبي (اليورو)، وبلغـت نسبة تراجع الدين العام الخارجي بالنسبة إلى الناتج المحلي الإجمالي لمجموع الدول المقترضة مـن 34,7% في عام 2005 إلى 27,4% في عام 2006 مسجلاً انخفاضاً للعام الرابع على التوالي، وتقترب نسبة الـدين العـام الخـارجي القائم للـدول العربيـة المقترضة في عـام 2006 مـن النسبة المقابلـة لمجموعة الدول النامية التي بلغت 26,3% في عام 2006 (www. aljazera.net).

خامساً- نقل التكنولوجيا:

من الأزمات التي تعاني منها المجتمعات العربية، عـدم الاستفادة بالشكل المطلوب مـن تكنولوجيا المعلومات والاتصالات، وهناك فجوات كبيرة في هذا المجال بين الـدول العربيـة وبعض الأقاليم في العالم، ويعود ذلك إلى الكلفة

العالية لهذه التكنولوجيا مقارنة بمتوسط الدخل المنخفض في بعض الدول العربية، وارتفاع معدلات الأمية وضعف الإلمام باللغات الأجنبية، وعلى الرغم من النجاحات التي حققتها الدول العربية في مجال تكنولوجيا المعلومات، فإنه ثمة ضعفٍ في القاعدة المعرفية والتكنولوجية التي تتمثل في ندرة العلماء وضعف مخرجات قطاع البحث والتطوير من الإنتاج العلمي والصادرات من التكنولوجيا المتقدمة وبراءات الاختراع، كما لم يرقى القطاع الصناعي في غالبية الدول العربية إلى المستوى الذي يدعم فيه البحث العلمي والتطوير على نحوٍ جيد (www.aljazera.net).

لهذا تمثل الولايات المتحدة الأمريكية مصدراً حيوياً لنقل التكنولوجيا الحديثة إلى الدول العربية، والمقصود بذلك نقل الخبرات والمهارات الفنية المتعلقة بتطبيقات العلم الحديث في مختلف نواحي النشاط الاقتصادي، وتعتبر الولايات المتحدة الأمريكية من الدول القيادية في مجال التطور التكنولوجي، كما أن برامجها للمعونة الخارجية تتضمن في جزء منها نقلاً للتكنولوجيا، هذا بالإضافة إلى أن الخبرة العربية الطويلة في التعامل الثقافي والفكري مع الولايات المتحدة الأمريكية يوفر فرصاً أكبر لنقل التكنولوجيا، ويتم نقل التكنولوجيا الأمريكية إلى الدول العربية من خلال عدة قنوات، ومن أهم تلك القنوات – التصنيع المشترك سواء على المستوى المدني أو العسكري (سليم، 2005، ص38-39).

نتيجةً لذلك فقد أظهرت المصالح الاقتصادية العربية مع الولايات المتحدة الأمريكية أهمية بالغة في بيان مدى تأثير الاقتصاد العربي على نشاط وحركة الدبلوماسية العربية وذلك من خلال قيام كل دولة من الدول العربية بالاهتمام بشؤونها ومصالحها القطرية السالفة الذكر مع الولايات المتحدة

الأمريكية دون الانطلاق من القومية العربية، الأمر الـذي أدى إلى إضـعاف دور الدبلوماسـية العربية في القدرة على مواجهة ومعالجة الأزمة العراقية، الأمر الذي يظهر بوضوح مـن خـلال أن كل دولة عربية لها مصالح اقتصادية خاصة مع الولايات المتحدة الأمريكيـة تحـتم عليهـا المحافظة على علاقاتها مع الولايات المتحدة الأمريكية، حتى لـو أن الأخيرة قامـت بالاعتـداء على أي دولة عربية، مما أنعكس سلباً على فعالية الدبلوماسية العربية وخاصة الدبلوماسـية العربية الجماعية.

ثالثاً- العلاقات العربية – العربية:

تبدو العلاقات العربية – العربية في المظهـر العـام، بأحسـن حـال ولكـن حقيقة هـذه العلاقات غيـر ذلك، حيث لم يعد من النظـام العربي غيـر أسمه، ولقد سيطرت الشكليـات والمظاهر والسلوك البرتوكولي على العلاقات العربية – العربية، وأصبحت الأسـاس على حساب المضمون والأفعال والسياسات، لهـذا السبب تستوطىء وتتفاقم المشاكل والأزمـات في العالم العربي، لأن الاعتراف بوجـود المشكلة، وتحـديد المـواقف العلنيـة والصريحة هـو الطريق السليم والوحيد لحل هذه المشاكل ووضع كـل طرف إقليمـي أو غير عـربي عند الحـدود التي عليـه أن لا يتجـاوزها في مسـائل الحـرب والسـلام، أو العـلاقات الثنائية – الثنائية مع الـدول الأجنبية أو الثنائية القوميـة (العدوان، 2008، ص15).

تقع البلدان العربية في قلب التحـولات العالميـة السياسـية والاقتصادية الحاليـة وتعـاني عسكرياً من نتائجها ولاسيما في العراق، فحرب الخليج الثانية في بداية التسعينات مـن القرن العشرين، كانت المحور الأكثر أهمية في التحول

إلى استخدام الحروب في حسم الصراعات بشكل مباشر ومنفرد من قبل الولايات المتحدة الأمريكية (وحلفائها) بمعزل عن منظومة المؤسسات الدولية والآليات التي تمت صياغتها غداة الحرب العالمية الثانية لحل النزاعات الدولية والإقليمية، وبعد اعتداءات الحادي عشر من أيلول 2001، تم الاندفاع في صيغة أكثر تطرفاً من هذا النسق الاستعماري العسكري الجديد بدءاً بأفغانستان ووصولاً إلى الحرب على العراق واحتلاله، وفي المقابل تعاني الحكومات العربية، لاسيما التي تدور في الفلك المباشر للسياسة ألأمريكية، من صعوبات حقيقية في اتخاذ موقف صريح إزاء التطورات الأخيرة المتعلقة بالأزمة العراقية، وهذه الصعوبة هي النتيجة الطبيعية للسياق السياسي الذي اندفعت فيه الدول العربية منذ عقود، والذي ربطت بموجبه مصالحها كسلطات بمصالح الولايات المتحدة الأمريكية (www.beirutletter.com).

لقد لعبت الخلافات العربية دوراً أساسياً فيما تواجه الدبلوماسية العربية من إخفاقات متواصلة ومستمرة في التعامل مع الأزمة العراقية، وإن عجز الدبلوماسية العربية تعبير صارخ عن عجز النظام العربي الرسمي، ولا يمكن الحديث عن دبلوماسية عربية قاصرة أو ناقصة أو فاشلة بمعزل عن النظام العربي (يحيى، 2003، ص58).

إن من يتتبع مؤشر الزيارات الرسمية التي يتم تبادلها بين مختلف الأقطار العربية يخرج بنتائج مثيرة، فيما يحرص حكام عرب كثيرون على زيارة العاصمة الأمريكية واشنطن مرة كل عام، ويترسخ الإحساس بأهمية الزيارة في دبلوماسية هذه الدول من حيث التمهيد الذي يسبق الزيارة ، ودرجة الاهتمام بها في الإعلام الرسمي، بينما تكاد الزيارات التي يتم تبادلها بين

حكام الأقطار العربية مقتصرة على عدد محدود من الدول العربية تتسم دبلوماسيتها بالنشاط، فإذا تم أخذ مستوى التمثيل في هذه الزيارات، ومدى ما يعكسه البيان الختامي الرسمي الصادر عن كل منها من جدية المباحثات، وأهمية الموضوعات التي تتناولها، والنتائج العملية المترتبة عليها، سيتم الخروج بنتائج قد يكون بعضها مثيراً للصدمة يرى العديد من المراقبين أن مما يزيد من حجم الخلافات العربية غياب الثقة المتبادلة بين الدول العربية نتيجة غياب المكاشفة والصراحة بسبب التجارب السابقة فضلاً عن متغيرات جديدة فرضت نفسها على الواقع العربي بسبب تحالفات إقليمية تسعى إلى مد نفوذها داخل الشرق لأوسط على حساب مصالح العرب القومية، والتي تمكنت من أن تكون مؤثرة في العراق وتسعى إلى توسيع نفوذها إلى سوريا ولبنان وفلسطين (شحته، 2008، ص4-5).

ليست المصالحة العربية مجرد لقاءات بين القادة العرب تتخللها طقوس المودة وتقديم الوعود ببداية جديدة في العلاقات البينية العربية، فهذه الأمور تم معرفتها سابقاً، فهي ليست أكثر من تمنيات سرعان ما ستحبط آمال القائمين بها، فالجانب الذاتي في العلاقات له أثر زمني محدد، بينما الجانب الموضوعي له امتداده المستمر ما أستمر بقاؤه، فالأساس تجاوز العوامل الذاتية وخلق الظروف الموضوعية التي تعتمد على إزالة أسباب التناقض وبناء أسباب التوافق.

لقد شهد الوطن العربي خلافات ونزاعات حادة نشأت نتيجةً لعديد من الأسباب أهمها: الأسباب الجغرافية فهناك العديد من الخلافات على الحدود كما بين قطر والسعودية والعراق والكويت ومصر والسودان، قادت بعضها إلى نزاعات مسلحة وإلى غزو عسكري، وبقاء هذه الخلافات يمنع بناء الثقة

ويحول دون قيام المصالح المشتركة بينهم، وقد كان هناك سببان أساسيان كافيـان لحسـم هذه المشكلات - الأول:- وضع مبدأ على غرار ما فعلت أوروبا وأفريقيا يقوم علـى أسـاس الاعتراف بالحدود القائمة بين البلدان العربية – الثاني:- إن البلدان العربية التي تأمل أن تبنـي أسباب التكامل بينها حتى تصل إلى الوحدة بين أقطارها لا يليق بها أن تتخاصم على أرض هنا وهناك، فهذا الأمر يتناقض مع دعاوي الوحدة والتكامل، وقد أوضحت التجربـة الأوروبيـة كيف أن مشكلات الحدود لا قيمة لها حينما توجد العزيمة والرغبة في بنـاء أسـس الانـدماج بين البلدان، فقد قادت خطوات التكامل الاقتصادي بـين البلدان الأوروبيـة إزالـة الحـدود فيما بينها (مقصود، 2003، ص 64-65).

كمـا تلعـب - العوامل الأيدلوجية دوراً أساسياً في تفجير النـزاعات العربيـة – العربيـة مثل النزاع الذي حدث بين الجزائر والمغرب في عام 1963 أي بعـد عـام واحـد مـن استقلال الجزائر ورفعها شعار الاشتراكية وتزعمها لهذا الاتجاه في محيطها الإقليمي المباشر، بينما كـان النظام الملكي المغربي المحافظ يواجه معارضة القـوى اليسـارية، كـذلك أسـهمت – المتغيرات الاقتصادية في تحريك أسباب النزاعات العربيـة – العـربية مثل النزاع العراقي السوري حـول مياه الفرات، وهنـاك أيضـاً – العوامـل الديمغرافيـة (السكانية) التي قد تـؤثر سـلباً في العلاقات العربية – العربية وبخاصة في حال وجود الأقلية الأثنية نفسها بين أكثر مـن دولـة كمـا هو شـأن الأقليـة الكـردية بامتـداداتها في كـل مـن العراق وسوريا، بالإضافة إلى أن – الخلافات الشخصية تسهم أحياناً في إثارة النزاعات العربية – العربية (هلال و مسعد، 2000، ص53).

لقد كان السبب الرئيسي لضعف أو غياب الدبلوماسية العربية للعب دور بارز تجاه الأزمة العراقية يتجسد في الفجوة ما بين الموقف السياسي العربي الرسمي والموقف الشعبي، فالنظم السياسية العربية القائمة كل ما تقوم به من مواقف أو تتخذه من سياسات على المستوى الخارجي والداخلي منقطع الصلة بما تريده الجماهير، هذه الفجوة أو القطيعة كانت سبباً في الضعف السياسي العربي العام، ولابد لهذا الضعف السياسي أن ينعكس على المستوى الخارجي كما أنعكس على المستوى الداخلي، الأمر الذي يؤدي إلى غياب الدبلوماسية العربية الفاعلة، كما يغيب الوجه العروبي منها.

إن المواقف العربية الرسمية تجاه الأزمة العراقية كانت متذبذبة بين تأييد للحرب أو معارضتها على استحياء دون إعلان المعارضة مباشرة، أو بين تقديم مساعدات للدول المعتدية أو التزام الحياد غير المعلن، في حين أن المواقف العربية غير رسمية (الشعبية) جسدت موقفاً عربياً واضحاً وقوياً من المحيط إلى الخليج، فكيف يمكن لهذه الدبلوماسية المنقطعة الصلة بالشارع والموقف العربي أن تكون قوية وفاعلة، وأنه دون تجسير أو مصالحة النظم السياسية العربية وشعوبها، وتوحيد المواقف في الداخل لا يمكن أن تخلق سياسة عربية فاعلة أو أن يكون هناك دبلوماسية عربية مؤثرة على المستوى الخارجي (لوتاه، 2003، ص75).

إن النظام العربي، وإن بدأ موحداً إزاء مسألة رفض العدوان الأمريكي على العراق وذلك على خلاف ما كان عليه الحال في أثناء حرب الخليج الثانية 1990- 1991م حيث حدث انقسام حاد في الصف العربي، فإن توحده في رفض العدوان لا يعدو كونه توحداً على المستوى الرسمي النظري، فالملاحظ أن هناك على الأقل خمس دول عربية شاركت في المجهود الحربي

الأمريكي ضد العراق من خلال فتح أبوابها وأراضيها لتمركز القوات الأمريكية البريطانية، وهي: (الكويت، وقطر، والبحرين، والإمارات، والسعودية) وتعتبر الأزمة العراقية أخطر أزمة يواجهها النظام العربي وجامعة الدول العربية منذ نهاية الحرب العالمية الثانية، وربما تقف على قدم المساواة من حيث خطورتها مع حرب عام 1948م التي أدت لقيام دولة إسرائيل على أرض فلسطين العربية (الشريف، 2004، ص25-52).

ومما لاشك فيه أن الأزمة العراقية كان لها انعكاسات خطيرة على منظومة العلاقات العربية - العربية بشكل عام وانعكاسات سلبية على فعالية الدبلوماسية العربية بشكل خاص ومنها (الرشيدي، 2003، ص64):

1. الكشف عن أوجه الخلل الجسيم في آليات ومؤسسات العمل العربي المشترك وقدرتها على المحافظة على استقلال الدول العربية.

2. الأزمة العراقية تمثل سابقة خطيرة وحدثاً غير مسبوق، وربما تكون مقدمة لسلسلة من الأعمال المماثلة التي تستهدف دولاً عربية أخرى كالسودان وسوريا عدا أنها ستمكن الولايات المتحدة الأمريكية من تنفيذ برامجها الرامية إلى إدخال تعديلات في منظومات القيم الثقافية والتعليمية والدينية في عموم الدول العربية.

3. تعميق الانقسامات بين الدول والشعوب العربية، فالشعب العراقي ومعه قطاعات واسعة من الشعوب العربية الأخرى، لن يتغاضى عن بعض أشقائه من العرب الآخرين وقوفهم بقوة مع الولايات المتحدة الأمريكية في عدوانها ضد العراق، كما لم يغفر الشعب الكويتي حتى الآن للعراق عدوانه على أرضه في عام 1990م.

4. التأثير السلبي على القضية الفلسطينية، ويظهر ذلك من خلال إطلاق يد آلة الحرب العسكرية ضد الشعب الفلسطيني الأعزل والاستمرار في بناء المستوطنات والجدار العازل .

إن العلاقات العربية – العربية تجد نفسها الآن على مفترق طرق صعبة تفرض طريقين لا ثالث لهما، طريق تحددت ملامحه عبر معايير العولمة ومحددات قوى الهيمنة العالمية وانحيازاتها، التي تطمس الهوية الوطنية وفروق الثقافات وتتجاهل الشرعية الدولية، وتقفز على الحقوق التاريخية للشعوب، وطريق آخر يؤمن بأن الحقوق لا تأتي إلا عبر الدولة الدينية التي تنادي على الجهاد، وتدعوا إلى مواجهة الآخر، وترفض الحوار والتفاوض (www.sis.gov.eg.arab).

ومن هنا فإن الخلافات العربية - العربية الناتجة عن الأسباب الجغرافية والأيدلوجية والاقتصادية والديمغرافية والشخصية والانقسامات الكبيرة في مواقف الدول العربية تجاه الأزمة العراقية ما بين مؤيد ومحايد ومعارض، والعجز في التصرف العربي الجماعي وما يتعرض له من ضغوط سياسية ومعنوية شديدة، تؤثر تأثيراً سلبياً وبشكلٍ كبير على حركة الدبلوماسية العربية في التعامل مع الأزمة العراقية، حيث أصبح مفهوم جامعة الدول العربية نفسها بحاجة إلى إعادة نظر جذرية، وإن العالم العربي كإطار سياسي جامع أو كتعبير عن حقيقة سياسية قد يصبح بلا معنى تقريباً، لأن كثيرين ينظرون إلى جامعة الدول العربية على اعتبارها لم تعد مناسبة من حيث التنظيم والأهداف مع حقائق الوضع العربي والإقليمي الجديدة، أو أنها قد فشلت في حماية الأمن القومي العربي، ومن ثم فلابد من أن تتعرض لعملية تغيير جذرية، ومن المتصور أن تكون مثل هذه الاتجاهات السياسية والفكرية

مجالاً خصباً لتوترات سياسية عربية عميقة تطال المواقف الرسمية والفكرية والحزبية العربية على السواء، وكل هذا تعبير عن حقيقة واحدة أن العلاقات العربية – العربية ضعيفة وسلبية ومتدهورة وتفقد تدريجياً فاعليتها وحضورها السياسي والمعنوي والأخلاقي وهو ما يشجع الولايات المتحدة الأمريكية وغيرها على تحويل المنطقة إلى ساحة حروب وأزمات وصراعات على النفوذ.

وبالتالي فإن المطلوب من الدول العربية إصلاح العلاقات العربية – العربية وتنقيتها والقيام بمسؤولياتها الحقيقية، وإعادة النظر في سياساتها ودبلوماسيتها بما من شأنه أن يمكنها من القيام بدورها، على اعتبار أن العدوان على العراق لن تقتصر آثاره السلبية على العراق وحده، وإنما ستمتد إلى عموم الدول العربية، والمطلوب أيضاً من الدول العربية أن تكون حريصة على تنويع علاقاتها، وتعزيز هذه العلاقات مع القوى الدولية الأخرى، وعدم الوثوق في الولايات المتحدة وسياساتها ووعودها، وبلورت رؤية مختلفة فيما يتعلق بقضية الخلافات العربية – العربية تمثل مشروعهـم الخاص (الوحدة العربية) تحتكم إلى العقلانية والرشـد، وتستند إلى أسباب القوة الذاتية، وتؤمن بالمصير الواحد في عصر التكتلات الدولية الكبرى .

4.4 مؤتمرات القمة العربية والأزمة العراقية:

قبل البدء باستعراض مؤتمرات القمة العربية المتعلقة بالأزمة العراقية لابد من الإشارة إلى ملاحظة هامة تتمثل في أن العرب اتجهوا إلى آلية القمـم لمحاولـة الوصـول إلى رأي عـربي موحد إزاء التحديات التي تواجه الأمن القومي العربي.

وفيما يلي استعراض للقمم العربية التي عقدت منذ عام 2001 - وحتى عام 2007 مع بيان مدى تعاملها مع الأزمة العراقية:

قمة عمان - 2001 م:

وتعتبر هذه القمة الأولى بعد إقرار آلية عقد القمة سنوياً، ولقد سعت هذه القمة إلى رأب الصدع العربي من المصالحة العراقية الكويتية، وفي هذه القمة تم تكليف جلالة الملك عبد الله الثاني ابن الحسين رئيس القمة بمتابعة الجهود وإجراء المشاورات اللازمة لبحث الحالة بين العراق والكويت.

قمة بيروت - 2002 م:

طغت على أعمال هذه القمة الحالة في الأراضي الفلسطينية حيث تم فيها طرح مبادرة السلام العربية، أما فيما يتعلق بالقضية العراقية فقد حدث في هذه القمة انفراج نسبي في العلاقات المتأزمة بين الكويت والعراق من جهة والسعودية من جهة أخرى، ولذلك كانت هذه القمة إحدى أهم القمم المهمة في تاريخ القمم العربية (موقع الإسلام اليوم على شبكة الانترنت، 2007، ص1-2).

قمة شرم الشيخ في مصر - 2003 م:

وعقدت هذه القمة في ظروف بالغة السوء أي قبل (18) يوماً من غزو العراق من قبل القوات الأمريكية والبريطانية، وشدد البيان الختامي على ضرورة احترام سيادة الشعب العراقي، وخرج العرب من الاجتماع ليسوا بأفضل حال مما دخلوا إن لم يكن أسوأ، حيث تبادل الزعيم الليبي معمر القذافي الاتهام في جلسة على الهواء مع ولي العهد السعودي أنذآك الملك عبد الله بن عبد العزيز، وأحدثت مبادرة الإمارات التي اقترحت تنحي الرئيس -

العراقي الأسبق (صدام حسين) من السلطة ردود فعل مختلفـة بـين القـادة العـرب وكانـت سبباً بعد ذلك في أزمة عميقة بين الإمارات وأمين عام جامعة الدول العربية.

قمة تونس – 2004 م:

ولقد أولت قمة تونس أهميـة خاصـة للملـف العراقـي حيـث تضـمنت مجموعـة مـن التوصيات أهمها:

1. التأكيد على وحدة الأراضي العراقية واحترام سيادته واستقلاله ووحدته والالتزام بمبدأ عـدم التـدخل في شـؤونه الداخليـة والتـزامهم بمساعدة الشـعب العراقـي للوقـوف في وجـه كـل المحاولات الرامية إلى زرع بذور الفتنة والفرقة وتقديم كافة المساعدات اللازمة لـه في كافـة الجوانب السياسية والاقتصادية.

2. دعـوة مجلس الأمــن إلى اتخــاذ الإجـراءات اللازمـة لإنهـاء الاحـتلال وانسـحاب - قوات الاحتلال من العراق ومساعدة الشعب العراقي لاستعادة كامل سيادته عـلى أرضـه مؤكدين أيضاً على ضرورة اضطلاع الأمم المتحدة بـدور مركـزي وفعـال في العمليـة السياسية وبناء مؤسسات الدولة.

3. إدانة الجرائم والممارسات اللانسانية واللاخلاقية والتي أرتكبها جنـود قـوات الاحـتلال ضـد المعتقلين العراقيين في السجون والمعتقلات، كما أدانوا الاستخدام المفرط للقوة من قبل قـوات الاحتلال مؤكدين أيضاً إدانتهم الشديدة للتفجيرات الإرهابية التي تحدث في العراق وتودي بحياة المئات من الأبرياء من الشعب العراقي.

قمة الجزائر – 2005 م:

أكدت هذه القمة على ضرورة حماية وحدة أراضي العراق، وتنفيذ قرار الأمم المتحدة رقم (1546) القاضي بتمكين العراق من استعادة سيادته، وشددت هذه القمة على رفض ممارسة الاحتلال منذ بدايته، ورفضت تفكيك الدولة العراقية ومؤسساتها، ودعت إلى هذه القمة جميع القوى الوطنية المناهضة للاحتلال، وفي القلب منها قوى المقاومة، إلى طي صفحة الماضي في ظل مراجعة نقدية جريئة، كما تدعو القمة إلى الحوار الديمقراطي بين هذه القوى وصولاً إلى وحدة الموقف والعمل المشترك بما يفضي إلى تشكيل جبهة وطنية للنضال من أجل التحرير، وإعادة بناء العراق على أساس ديمقراطي. كما رفضت القمة اعتراف جامعة الدول العربية وحكومات الدول الأعضاء فيها بالحكومة التي نصبتّها سلطات الاحتلال، ودعت هذه القمة الدول العربية إلى مد جسور التواصل مع القوى الرافضة للاحتلال وللعملية السلمية التي تتم برعايتها، وتطالب الحكومات العربية كحد أدنى بالامتناع عن أي تأييد مباشر أو غير مباشر للاحتلال وتداعياته، وتدعو القوى السياسية الشعبية في الوطن العربي إلى العمل على تفعيل تأييد الشارع العربي للمقاومة العراقية (مؤتمر الأمن القومي العربي السادس عشر، 2005، ص206).

قمة الخرطوم – 2006 م:

لقد كان لقضية العراق حضوراً كبيراً في اهتمامات هذه القمة حيث قام مجلس جامعة الدول العربية بتشكيل لجنة وزارية خاصة بالعراق والتي ناقشت خلال اجتماعها التطورات والمستجدات على الساحة السياسية

والأمنية بالعراق في إطار جهودها لإعداد إستراتيجية عربية لمساعدة العراق سياسياً وفي مجال إعادة الإعمار (موقع جامعة الدول العربية، 2006، ص2-3).

قمة الرياض – 2007 م:

لقد ركزت هذه القمة فيما يتعلق بالأزمة العراقية على ما يلي: (موقع جريدة الرياض على شبكة الانترنت، 2007، ص1).

1. احترام وحدة وسيادة واستقلال العراق وهويته العربية والإسلامية ورفض أي دعاوي لتقسيمه مع التأكيد على عدم التدخل في شؤونه الداخلية، وتأكيد احترام الشعب العراقي.

2. مواجهة التغييرات الطائفية والعمل على إزالتها نهائياً ونبذ الفئات التي تسعى لإشعال هذه الفتنة والتصدي لها.

3. مراجعة قانون هيئة اجتثاث البعث بما يعزز جهود المصالحة الوطنية، والتأكيد على المواطنة والمساواة فيها كأساس لبناء العراق الجديد.

4. الحرص على توزيع ثروة العراق بصورة عادلة على كل مناطق العراق وفئات الشعب العراقي كافة، وتسريع بناء وتأهيل القوات العسكرية والأمنية العراقية على أسس وطنية ومهنية وصولاً إلى خروج القوات الأجنبية كافة من العراق.

5. التأكيد على أهمية قيام دول الجوار للعراق بدور فاعل لمساعدته في تعزيز الأمن والاستقرار وعدم التدخل في شؤونه الداخلية والتصدي للإرهاب.

6. الترحيب بقرار الأمين العام لجامعة الدول العربية لمواصلة عمل بعثة جامعة الدول العربية.

7. الإدانة المجددة للانتهاكات الخطيرة لحقوق الإنسان التي تمت أثناء احتلال دولة الكويت وطمس الحقائق المتعلقة بالأسرى والمفقودين الكويتيين ورعايا الدول الأخرى الذين تم العثور على عدد من رفاقهم قتلى في المقابر الجماعية.

8. دعوة الدول العربية التي لم تسدد مساهماتها في تغطية النفقات الخاصة بفتح بعثة جامعة الدول العربية في العراق إلى الإسراع في القيام بذلك وتقديم الشكر للدول التي قامت بتسديد التزاماتها (موقع جريدة الشرق الأوسط على شبكة الانترنت، 2007، ص11-12).

وبعد استعراض القمم العربية ذات الصلة بالملف العراقي لابد من الإشارة إلى مجموعة من الملاحظات حول ذلك:

1- إن الموقف العربي من الأزمة كان ضعيفاً وسلبياً و في مجمله يغلب عليه منطق إبراء الذمم أمام الرأي العام العربي دون الخروج بآليات سياسية فعالة تضمن التأثير المباشر في مجريات الأمور في الاتجاه الذي يحافظ على الشأن العربي ككل والدولة العراقية، فكانت غالبية القرارات تنحصر بين الإدانة والشجب والتوصيات النظرية.

2- أن مجمل القرارات والتوصيات الصادرة عن مؤتمرات القمة العربية لم تمثل إلا الحد الأدنى لاحتياجات العراق وتوقعاته من الدول العربية وهو ما عبر عنه البيان الصادر عن وزارة الخارجية العراقية عقب انتهاء أعمال قمة الخرطوم عام 2006، والتي أسست الإجراءات والآليات لتفعيل الدور العربي لمساعدة العراق.

3- ولابد من الإشارة إلى الدور الخـارجي الـذي يحـد مـن قدرة مـؤتمرات القمـة عـلى اتخـاذ مواقف أكثر فعالية بشأن الملف العراقي والمتمثل بتـدويل الأزمة وضلـوع الولايات المتحـدة الأمريكية فيها بشكل مباشر وهو ما يرتبط بطبيعة المصالح الأمريكية في المنطقة والتي تـدفع الأزمة باتجـاه في غير صـالح العـراق والعـرب، ومـن هنا فإن الإدارة الأمريكية تعمـل عـلى ممارسة ضغوطهـا على مؤتمرات القمـة العربية لإفشالهـا أو لتهمـيش مخرجاتهـا بمـا لا يهـدد مصالحها في المنطقة ويقوض رؤيتها لكيفية إدارة الملف العراقي.

ومن هنا وعند النظر إلى فاعلية مؤتمرات القمة العربية تجاه التعامل مع الأزمة العراقية وبنظرة موضوعية فإنه لا يمكـن وصـف نتائجهـا الواقعيـة والفعليـة إلا بالهامشـية حيـث لم تعتمد على القرارات والسياسات العملية التي تخدم العمل العربي المشترك وتتعامل بإيجابيـة مع المتغيرات الدولية المؤثرة بالسلب على المصالح والقضايا العربية، وبـالطبع فهنـاك قيـوداً على فعالية مخرجات مؤتمرات القمة العربية بعضها يتصل بالواقع العربي ذاتـه بينـما يـرتبط البعض الآخر بالظروف الإقليمية والدولية المحيطة بالنظام العربي.

5.4 التأثيرات الإستراتيجية للأزمة العراقية على بعض دول الجوار العربية للعراق:

لم تتمكن بعض دول الجوار العربي للعراق من توحيد سياستها تجاه الأزمة العراقية التي قادت إلى الحرب والى احتلال العراق، وإنما انقسمت على نفسها وتراوحت مواقفها من التأييد المطلق للمخطط الأمريكي إلى المعارضة العلنية والرفض الصريح والتنديد الواضح بهذا المخطط مروراً بمواقف أخرى متباينة الظلال وتعكس مواقف بدت مرتبكة ومتناقضة واختلف ظاهرها عن باطنها.

وقد استندت المواقف المتباينة منها والمتناغمة إلى دوافع وأسباب مختلفة وسوف أذكر في هذا المطاف التأثيرات الإستراتيجية للأزمة العراقية على بعض دول الجوار العربي للعراق على سبيل المثال لا الحصر ومن هذه الدول:

دولة الكويت:

نتيجة لتجدد تفجر الأزمة الأمريكية – العراقية بسبب الإصرار الأمريكي على فرض الحرب كحل وحيد للأزمة على حساب الحل السياسي وجهود فرق التفتيش الدولية وفرض إمكانية إسقاط النظام العراقي بالقوة على التخلص نهائياً من العراق كمصدر للتهديد بالنسبة للكويت ولذلك فإن متابعة وتحليل الموقف الكويتي ابتداءً من تشرين الثاني 2002م وحتى موعد الغزو الأمريكي – البريطاني للعراق فجر يوم 19- آذار 2003م تكشف عن تطلع كويتي لفرض سيناريو إسقاط النظام العراقي على حساب سيناريو

التطور التدريجي للحالة الكويتية العراقية كطموح أفرزته مقررات قمة بيروت لتطبيع العلاقات بين البلدين (أدريس، 2003، ص129).

وبالتالي فإن موقفها محكوماً بهاجس التخلص من نظام سبق لها أن اكتوت بناره، معتبرة أن أي حل آخر حتى لو كان تدمير العراق أو تجزئته أو احتلاله على نحوٍ دائم يمثل خياراً أفضل من بقاء نظام صدام حسين.

دولة قطر:

قامت قطر قبل احتلال العراق وبدء العمليات العسكرية بطرح مبادرة من قبل وزير الخارجية القطري الشيخ حمد بن جاسم وتتضمن الأفكار التالية:

أ- على دول المنطقة أن تتحمل مسؤولية صياغة مبادرة إقليمية تعيد الوضع الطبيعي إلى نصابه بما في ذلك رفع الحصار عن العراق.

ب- حث العراق على حل قضية الأسرى الكويتيين واعترافه بما لا يقبل التأويل أو الجدل لكيان الكويت ووحدة أراضيه وشرعية نظامها.

ج- إعادة تطبيع العلاقات الكويتية – العراقية كمدخل لإعادة تطبيع العلاقات العراقية العربية وتطبيع مواقف العراق الإقليمي والدولي.

د- تغيير النظام في العراق يجب أن يكون بأيدي شعبه وليس بوحي من ألآخرين.

ولقد حاولت قطر بعد الاحتلال الأمريكي للعراق استغلال الأزمة لتعظيم دورها في المنطقة، على حساب الدور السعودي، مدفوعة بذلك بخلافات تاريخية عميقة الجذور، وذلك بالمزايدة على دورها التقليدي كحليف رئيسي أضعفته أحداث (11) من أيلول عام 2001م.

دولتي السعودية ومصر:

فقد أتسمت مواقفهم بالغموض والارتباك والتردد في الاستجابة لضغوط متناقضة من جانب تيارات شعبية قوية رافضة للسياسة الأمريكية من ناحية، ونخبة حاكمة ترتبط مصالحها بالولايات المتحدة من ناحية أخرى، ولا جدال في أن تباين هذه المواقف سهّل من مهمة الغزو والاحتلال الأمريكي للعراق بالإضافة إلى أن السعودية وأميركا لهما مصالح متعلقة بالأمن والطاقة حيث تلعب هذه المصالح دوراً أساسياً في الحفاظ على علاقة قوية بين البلدين، ولكن رغم متانة هذه العلاقات فإن مستقبلها سيعتمد على الكثير من التطورات التي ستشمل تطورات الأحداث على الساحتين العراقية والإيرانية ومواقف السعودية منها (موقع التقرير الاستراتيجي الخليجي على شبكة الانترنت، 2003، ص2).

ويعتبر أحد أهم التأثيرات الإستراتيجية الناجمة عن تباين هذه المواقف تجاه الغزو والاحتلال الأمريكي للعراق هو تهيئة الأوضاع الإقليمية على نحوٍ أدى إلى تمكين الدول الهامشية في النظام العربي من لعب دور متصاعد لحساب الولايات المتحدة الأمريكية وبتحريض وتشجيع منها على حساب دول القلب في النظام العربي.

ومن المعروف أن الولايات المتحدة كانت قد أدركت وخاصة منذ أحداث (11) – أيلول عام 2001 أن العالمين العربي والإسلامي يحتاجان إلى عملية إصلاح جذرية بعد أن تحولا في تقديرها إلى معامل لتفريغ الإرهاب، ويعكس مشروع الشرق الأوسط الجديد والذي طرحته الإدارة الأمريكية بصورة غير رسمية مؤخراً عمق هذا الإدراك.

ومن هنا كان إصرار الولايات المتحدة الأمريكية على ضرب تماسك دول القلب العربي (مصر- وسوريا والسعودية) كمقدمة ضرورية لضرب النظام العربي ولإنهاء دور جامعة الدول العربية وقد شكل الغزو والاحتلال الأمريكي إحدى أهم الخطوات على طريق تحقيق هذا الهدف.

وهناك العديد من المؤشرات التي تدل على اختراق الولايات المتحدة الأمريكية للنظام العربي بعد احتلال العراق وتتمثل في:

1- إضعاف علاقة الكويت التاريخية والقوية بالنظام العربي وذلك في إطار عدد من الإغراءات كان آخرها العمل على منحها وضع " الحليف الاستراتيجي " دونما حاجة إلى قبولها عضواً رسمياً فيه.

2- الاعتماد على الدول الصغيرة مثل قطر والبحرين كمواقع بديلة لما قد تحتاجه الولايات المتحدة من قواعد عسكرية تحل محل قواعدها في السعودية، وبما يسمح من ابتزاز السعودية وتوليد المزيد من الضغوط عليها.

3- محاصرة الدور المصري وتضييق الخناق عليه بالعمل على تفتيت السودان وإثارة الجدل حول تقسيم مياه نهر النيل ومن الغرب بحمل ليبيا على تبني سياسات متعارضة مع مجمل توجهات السياسة المصرية

4- تشديد الضغوط على سوريا بإصدار قانون خاص لمحاسبتها.

5- غير أن أكثر الاختراقات الأمريكية نجاحاً تمثل في قدرتها على إحداث تحول كامل في السياسات الليبية، عندما استجاب النظام الليبي لكافة الشروط والضغوط الأمريكية وقبل التخلص من برامج أسلحة الدمار

الشامل دون شروط (موقع مجلة الحوار المتمدن على شبكة الانترنت ، 2003، ص1-2).

وبالإضافة إلى هذه التأثيرات الإستراتيجية للأزمة العراقية تجاه دول الجوار العربي سـالفة الذكر لابد مـن الإشـارة إلى أن الأزمـة العراقيـة زادت الحـرج عـلى الموقـف الخليجـي تحسبـاً للمطالب الأمريكية بفتح القواعد العسكرية وتقديم التسهيلات والدعم تحسباً للمخاطر التي يمكن أن تحدث على مستوى الاستقرار السياسي في المنطقة.

الفصل الرابع

الدبلوماسية العربية والأزمة العراقية

في النظام الدولي

الفصل الرابع

الدبلوماسية العربية والأزمة العراقية

في النظام الدولي

1.5 النظام الدولي والدبلوماسية العربية:

* مفهوم النظام الدولي:

لقد عرف الأدب السياسي الدولي محاولات عديدة لتعريف النظام الدولي نذكر منها ما يلي:

يذهب البعض إلى أن النظام الدولي هو"" مجموعة قواعد التعامل الدولي الناتجة عن التفاعلات الرئيسية السياسة والاقتصادية والاجتماعية والعسكرية والثقافية الحاصلة بين القوى الدولية الكبرى وأثرها على العالم كله في مرحلة تاريخية معينة "" (أبو شبانه، 1998، ص14).

وهناك من عرفه بأنه ""مجموعة من الوحدات قد تكون دولاً، منظمات دولية حكومية أو غير حكومية، شركات متعددة الجنسية ترتبط فيما بينها بشبكة من التفاعلات وهذه التفاعلات تأخذ شكل التبادل التجاري والاستثمارات الأجنبية أو حركة الأفراد أو إقامة اتصالات بين الحكومات والأفراد من خلال وسائل الاتصال الجماهيري أو الهاتف أو البريد الإلكتروني "" (متيكيس، 1996، ص31).

وعرف ماكيلاند النظام الدولي بأنه"" بنية لها عناصر مترابطة ومتفاعلة مع بعضها البعض، ولها حدود محدودة تفصلها عن بيئتها أو محيطها، وهو أداة

تحليلية تقدم منظوراً معينا للدراسات السلوكية "" (الرشدان، 1998، ص107).

وعرفه موريس ايست بأنـه يمثل "" أنماطاً مـن التفـاعلات والعلاقـات بين القواعـد السياسية ذات الطبيعة الأرضية (الـدول) التي تتـواجد خـلال وقـت محـدد"" (East, 1979.p145).

وعرفه (مورتن كابلان) النظام الدولي بأنه "" مجموعة من المتغيرات المرتبطة فيما بينها والمتميزة عن محيطها، وتستند هذه المتغيرات على قواعد سلوكية تميز العـلاقات القائمـة على مجموعة من المتغيرات الفردية عن تجمع المتغيرات الخارجية "" (Kaplan,1962,p12).

نشأة النظام الدولي:

يرجع بعض الكتاب نشؤ النظام الـدولي إلى معاهـدة وستفاليا عام 1648 عندما بـدأ التنظيم الدولي، وبدأ ظهور الدولة القومية، إلا أن هنالك من قال أن النظام الدولي، بـدأ بعد الحرب العالمية الأولى ومنذ تشكيل عصبة الأمم 1919 التـي كـان لهـا دور كبير في تشكيل النظام الدولي، ومحاولة فرض السلام في أوروبا، كـما أن اغلـب البـاحثين في النظـام الـدولي يرجعون بـداية النظام الـدولي إلى نهاية الحرب العالمية الثانية، ويؤرخـون لـه منـذ بـداية إنشاء هيئة الأمم المتحدة (شرف، 1992، ص24).

يتشكل النظام الدولـي مـن وحـدات سياسية واقتصادية متعددة مثـل (الـدول، الأحلاف العسكرية والشركات المتعددة الجنسية، والمنظمات الدولية) ورغم تعدد هـذه الوحدات تبقى الدولة ركيزته الأساسية، يشاركها الكثير مـن المنظمات التـي يشمل نشاطها كافة المجالات السياسية والاقتصادية والاجتماعية

والثقافية، ومع أن هذه المنظمات لم تصل إلى طور إلغاء دور الدولة إلا أنها مع تطور النظام الدولي الجديد أصبحت قوة ذات تأثير متزايد (منظمة الأمم المتحدة، حلف الأطلسي-) وبما أن الدول هي احد أطراف النظام الدولي التي تؤثر فيه، وهي طرف فاعل وقوي في النظام الدولي وتحدد صورة وشكل النظام الدولي، فإذا زاد عدد الدول المؤثرة في النظام الدولي يكون النظام الدولي متعدد الأقطاب، وإذا انحصر التأثير بيد دولتين يأخذ النظام الدولي شكل ثنائي القطبية، أما إذا انحصرت القوة بيد دولة واحدة يصبح النظام الدولي أحادي القطبية (حتي، 1985، ص132).

لقد تطور مصطلح النظام الدولي الجديد وشاع استخدامه بعد حرب الخليج الثانية سنة1991، وكان يستخدم للإشارة إلى شبكة العلاقات التعاونية والتنافسية التي تجري بين الدول، وفقاً لنسق محدد من القيم والمفاهيم المتأثرة بالقطب المهيمن، وكان للتحولات الكبرى التي حدثت بعد نهاية الحرب العالمية الثانية، أثرٌ عميقٌ على تطور النظام الدولي إذ قسّمت العالم إلى قِسمين:

أ- شرق اشتراكي بقيادة الاتحاد السوفيتي السابق.

ب- غرب رأسمالي بقيادة الولايات المتحدة.

ولقد بدأ نظام القطب الواحد مع انهيار الاتحاد السوفيتي عام 1991 وعزل آخر رئيس له (ميخائيل غورباتشوف) عام 1991 أثر الانقلاب الذي قاده (يوريس يلتسين) أول رئيس لروسيا الاتحادية، وخسرت روسيا بهذا الانقلاب دورها السياسي والعسكري، وتفرّدت الولايات المتحدة بالقرار السياسي العالمي. وظهر أن النظام الرأسمالي يمتلك حيوية كبيرة، ويشارك الولايات المتحدة الأمريكية قوى اقتصادية كبرى مثل: اليابان،

الاتحـاد الأوروبـي، الصيـن، الشــركات العملاقـة التـي تركـز علـى تكنـولوجيا متطورة ومتجددة، تهـدف هـذه القـوى إلى التحرر من العوائـق والحـدود السياسية والجغـرافية، وقـد استطاعت أن تدخل العالم في نظـام جـديد تراجع فيه مفهـوم الاستقـلال الاقتصـادي والسياسي، وسيطر عليه مفهوم العولمة (العطار، 2004، ص9-10).

لقد انفردت الولايات المتحدة الأمريكية بالساحة الدولية، بعد سقوط الاتحاد السـوفيتي وسقوط القطبية الثنائية، وكانت الولايات المتحدة الأمريكية القطب الوحيد نتيجـة لامتلاكهـا جميع مقومات الزعامة العالمية، وأهم هذه المقومات هـي القوة العسكـرية التـي شكلت للـولايات المتحدة الأمـريكية الفرصة والعامل الكبير لتعظيم مكاسبهـا وضمـان استمـرارها، فسلكت طـريق الهيمنة على العالم لإحكـام قبضتها وبسط سيطرتها، بحيث تبقـي الأوضـاع في مصلحتها (زهران، 2002، ص24-25).

القوى الدولية الرئيسية والدبلوماسية العربية:

إن ولوج الدبلوماسية العربية إلى القرن الحـادي والعشرـين يعنـي مواجهتها لتحديات ذات طبيعة جديدة بسب التعقيد الـذي أخـذ ينتـاب العلاقات الدولية منـذ قيام القطبيـة الأحادية، وشدة الضغوط التي أخذت تمارس على الدول النامية، ومنها الـدول العربية، وكذلك الـدور الذي أخذت تلعبه العوامـل الاقتصادية والتكنولوجية، ولاسـيما الثـورة المعلوماتيـة، في التأثير على مجريات السياسة الدولية.

ولبيان مواقف القوى الدولية الرئيسية في المجتمع الدولي تجاه الأزمة العراقية ومدى تأثيرها على فعالية الدبلوماسية العربية، لابد من الحديث عن القوى الدولية التالية:

1. الولايات المتحدة الأمريكية.

2. الاتحاد الأوروبي.

3. روسيا الاتحادية.

4. الصين.

5. تركيا.

6. إيران

أولاً - الولايات المتحدة الأمريكية:

شكلت أحداث الحادي عشر من أيلول عام 2001م نقطة تحول في السياسة الأمريكية تجاه العالم تتمثل في الدعوى لمواجهة الإرهاب المزعوم في العالم، وأعلنت نفسها المسؤوله الوحيدة عن مكافحته وحددت جملة من المبادئ والقواعد الجديدة في العلاقات الدولية كان أبرزها إعلان حرب وقائية تشنها الولايات المتحدة في أي مكان في العالم ترى فيه تهديداً لأمنها حسب زعمها، واستخدام كل الوسائل بما فيها التدخل العسكري وتغير الأنظمة السياسية القائمة واستحداث (قيم أخلاقية) تصنف الدول على أساس الخير والشر وتكريس قاعدة (من ليس معنا فهو ضدنا)، وعليه فقد أصبح النظام الدولي بعد الحادي عشر- من أيلول 2001 في صورة هرم تتربع عليه الولايات المتحدة لتصبح القطب الوحيد في العالم،حيث بدت

السياسة الأمريكية وكأنها تستهدف إعادة تشكيل العالم (رشيد، 2001، ص1).

لقد أصبحت الولايات المتحدة الأمريكية بعد ذلك تتحدث عن العمل العسكري المنفرد تجاه العراق. وإن ذلك ليس تحت مظلة الشرعية الدولية أو تفويض من الأمم المتحدة مروراً بمجلس الأمن والأمم المتحدة، وأصبحت الولايات المتحدة تسوق حججها المصطنعة من اجل تبرير توجهها بمفردها نحو الحرب على العراق، على الرغم من جميع الأصوات العالمية التي تطلب التريث وأخذ العمل تحت مظلة الشرعية الدولية (النملة، 2005، ص130).

كما بدأت الحملات السياسية التي تحاول ابتزاز بعض الدول العربية، وذلك من خلال هجوم إعلامي بدعم من بعض الدوائر المعادية في الولايات المتحدة الأمريكية، وقد تأثرت العلاقات العربية الأمريكية بعد أحداث 11 أيلول2001 إذ حدث تغييرات في الموقف الأمريكي تجاه الأمة العربية، وقد كان نجاح الحملة العسكرية الأمريكية على أفغانستان أحد أهم الأسباب في تغير الموقف الأمريكي، حيث لم تعد الإدارة الأمريكية بحاجة إلى تأييد الدول العربية في الحرب ضد الإرهاب أما بالنسبة للجانب العربي فقد زاد سخطه على السياسة الأمريكية نتيجة اتجاه أمريكا للتخطيط لضرب العراق متذرعة بحجج واهية وذرائع وهمية، بهدف تلفيق التهم إلى العراق وتحميله مسؤولية هجمات 11 أيلول 2001 وذلك للانتقام منه لمصلحة إسرائيل والسياسات الهمجية الأمريكية في المنطقة العربية (جاد، 2002، ص2).

وفي يوم 12 أيلول 2001، تبنى مجلس الأمن القرار رقم 1368 الذي يدين الهجمات الإرهابية على الولايات المتحدة الأمريكية يوم 11- أيلول – 2001 ويدعو كافة الدول إلى العمل معاً بصورة ملحة لتقديم المرتكبين للعدالة، وكان مجلس الأمن مستعداً لاتخاذ كافة الخطوات اللازمة للرد على الهجمات الإرهابية، وهو ما أرادته الولايات المتحدة الأمريكية، حيث أن هذا القرار يخولها القيام بأي عمل عسكري أمريكي في أي مكان من العالم، وكان من الواضح بأن الهدف الثاني سيكون العراق، بعد الهدف الأول أفغانستان (سيمونز، 2003، ص78).

إن هجمات 11 أيلول هي لحظة فاصلة في التاريخ الأمريكي، على الدرجة نفسها من الدرامية كأي لحظة مماثلة سبقتها، والرد الأمريكي قد تبلور كسياسة في سياق ثقافة سياسية محافظة، وكونغرس يهيمن عليه المحافظون، وإدارة من المحافظين الجدد، إن (الأيدلوجية) المحافظة الجديدة و (اللاهوت) اليميني المسيحي قد انخرطا معاً بكل قوتهما لدفع السياسات الأمريكية والسياسة الخارجية الأمريكية وبخاصة في منطقة الشرق الأوسط، باتجاه عدواني لإعادة تشكيل الخريطة السياسية للمنطقة وفق أهوائهما، وقد ساعدت أفعال الحكومة الإسرائيلية هذه الحملة وصياغتها الأيدلوجية مباشرة داخل أروقة السلطة الأمريكية وفي المحافل العامة وأصبحت السياسة والأفعال الإسرائيلية مسألة داخلية أمريكية وليست مجرد مسألة من مسائل السياسة الخارجية الأمريكية، لقد أعطت الحكومة الأمريكية في اتفاق مع الحكومة الإسرائيلية تعريفاً للإرهاب أحادي الجانب يخدم ذاتها يتبين في الآتي "" مصطلح الإرهاب يعني العنف المدفوع سياسياً، عن سابق إصرار ضد أهداف غر محاربة، من قبل مجتمعات شبه قومية أو عملاء سريين، بغرض التأثير على

جمهور. وإن تعبير الإرهاب الدولي: يعني الإرهاب الذي يصيب أرض أو مواطن أكثر من دولة (فرسون، 2004، ص244).

كان العراق في رده على هجمات 11 أيلول 2001 قد وقف وحيداً بين النظم العربية الحاكمة، ففي حين كانت التعليقات في مصر ـ ولبنان و العربية السعودية وغيرها اتسمت بالإدانة الواسعة للإعمال الإرهابية، وإن أشارت إلى أسباب تلك الهجمات، فإن العراق وحده (وبعض الفلسطينيين) كان مستعداً لإعلان ما كان كثيرٌ من العرب يشعرون به، ففي يوم 12 أيلول أعلن التلفزيون العراقي "" إن راعي البقر الأمريكي يجني ثمار جرائمه ضد الإنسانية، إنه يوم أسود في تاريخ أمريكا، تذوق فيه طعم الهزيمة المرة لجرائمها وتغافلها عن إدارة الشعوب في حياه حرة كريمة، إن الانفجارات الضخمة التي وقعت في مراكز القوة في أمريكا صفعة مؤلمة على وجه السياسيين الأمريكيين لكي يتوقفوا عن هيمنتهم غير المشروعة وعن محاولاتهم فرض وصاية على الشعوب"" (سيمونز، 2003، ص45).

وهنا وجدت الولايات المتحدة الأمريكية ضالتها بشأن إنهاء المشهد السياسي المتعلق بالعراق، فرغم الضغوط التي واجهتها الولايات المتحدة بشأن حربها على العراق، تحت مبرر أسلحة الدمار الشامل التي لم يثبت أن العراق أعاد تصنيعها، كان المبرر الثاني والذي دعم موقف الولايات المتحدة لدخول المنطقة تحت شعار محاربة المنظمات الإرهابية، والدول الداعمة لها (سيمونز، 2003، ص46).

على الرغم من المقال الذي نشرته صحيفة "غارديان" اللندنية يوم الثاني والعشرين من تموز من العام 2002 لمنسق المساعدات الإنسانية السابق في

العراق (عمل من العام 1999 إلى العام 2000) "هانز سبونيك"، ونالت أقواله قبول العديد من رجال السياسة ومنظريها في أوروبا،وبلدان أخرى (وجاء على لسان) " سبونيك " الآتي:

1- لا صلة للعراق بالأعمال الإرهابية المرتكبة ضد أهداف أمريكية، سواء في داخل الولايات المتحدة أو في خارجها.

2- لم يقدم العراق قط مساعدة لتنظيم القاعدة، لا في مجال تدريب المقاتلين ولا في دعم زمرة أنصار الإعلام المتطرفة والمتهمة بإيواء عناصر من القاعدة والساعية إلى إشاعة عدم الاستقرار في كردستان العراق.

3- كان البنتاغون ووكالة المخابرات الأمريكية يعلمان حق العلم أنه لم يعد يمثل تهديداً في المنطقة، ويعلمان أيضاً أن صناعة الأدوية الواقع في "الدورة" في ضواحي بغداد، والمعمل الخاص بالمضادات الجرثومية والمبيدات الزراعية في الفلوجة، الواقعة غرب العاصمة العراقية، وكلاهما يشتبه في إنتاجهما أسلحة جرثومية وكيماوية، كانا قد دمرا ثانية في كانون الأول من العام 1998 في أثناء عملية " ثعلب الصحراء " (بريماكوف، 2006، ص173-174).

وبالرغم من قيام الدبلوماسية العربية من خلال مؤتمر القمة العربي المنعقد في بيروت سنة 2002، محاولة وضع حد للنزاع مع العراق، بحيث سرعان ما فتحت السعودية ممراً في حدودها مع العراق، كما شرعت سوريا ولبنان بتطبيع علاقاتها مع بغداد، وأعاد العراق أرشيف الكويت ووافق على بدء مفاوضات بشأن الكويتيين الذين ذُكرَ أنهم فقدوا في أثناء حرب الخليج الثانية عام 1990 -1991، علاوةً على دخول العراق وإيران في

مفاوضـات تتعلـق باللاجئين، وكـانت شركـات الطيـران الأردنية تقوم بخمـس رحـلات أسبوعياً بين عمان وبغداد، وبدأ مسؤولون ورجـال أعمـال أتـراك يتوافـدون علـى العـراق، فهـي لم تستطع منـع قيـام الولايـات المتحـدة الأمريكية وحلفائها من إعـلان الحـرب علـى العـراق (بريماكوف، 2006، ص174).

وقامت الولايـات المتحـدة الأمريكيـة وحلفائهـا في 20 / آذار2003م بشـن الحـرب علـى العراق وذلك دون سند قانوني يجيز هذه الحرب، وبدون قرار أو تفويض صادر عـن مجلـس الأمن الدولي بهذا الخصوص، منتهكه بذلك وبشكل ساخر وخطير وغير مسبوق كـل القـوانين والأعراف والمواثيق الدولية، وعلى قمتها ميثاق الأمم المتحدة، علماً بأن حجم القوة الأمريكيـة كان بادياً للعيان قبل حرب عام 2003 بزمن طويل، وقد بدأت الولايـات المتحدة بعـد حرب الخليج الثانية عام 1991 في إقامة (نظام عـالمي جديد) تكون الغلبـة فيه لإرادة واشـنطن ورغباتها وقد وصف الأكاديمي الأمريكي المعـارض (للسياسـة الأمريكيـة) نعـوم تشومسكي في ذلك الوقت المفهوم الأمريكي للحرب بقوله:" إن العدو الأضعف كثيراً يجـب أن يطحـن لا أن يهزم فقط " (تشومسكي، 1991).

وقد ساهمـت حرب 2003 ضد العراق في إيصال هذه الرسالة عـبر العالم بكـل وضـوح ومـن دون مواربـة بحيـث لا يسمـح لأحـدٍ أن يشـكك أو يسئ الفهـم (سيمونز،2003، ص363).

وعلى صعيد الدبلوماسية العربية، فلقد أدت أحداث الحادي عشر من أيلـول عـام 2001 والحرب الأمريكية – البريطانية على العراق إلى تهميش

دور جامعة الدول العربية التي لم تكن قادرة بكل مؤسساتها على دفع الاتهامات الموجه للدول العربية من حيث ضلوع مواطنيها في الأحداث، ناهيك عن سياسة الحصار السياسي أو الاقتصادي (العراق، إيران، سوريا، السودان) أومن خلال توجيه ضربات عسكرية إلى بعض الدول (العراق) والذي هو انتهاك لسيادة هذه الدول وخرق لمبادئ جامعة الدول العربية ومواثيقها المتعلقة بالدفاع وصيانة استقلال الدول الأعضاء في حالة تعرضها إلى عدوان خارجي.

لقد أثرت الولايات المتحدة الأمريكية تأثيراً سلبياً على فعالية الدبلوماسية العربية تجاه الأزمة العراقية، من خلال تأثيرها على العمل العربي المشترك سواء بالنسبة للآثار المتعلقة باتساع الخلل في الميزان الاستراتيجي الإقليمي، أو بسبب الهجمات التي تعرضت لها جامعة الدول العربية من جانب القوى الدولية، من حيث رفض هذه القوى التعامل معها بصورة مباشرة، أو مطالبتها بإنهاء دورها وإنشاء مؤسسات إقليمية بديلة وعلى الرغم من أن الأزمة العراقية كانت يمكن أن تكون دافعاً لإصلاح جامعة الدول العربية وتعزيزها، إلا أن الاستجابة العربية لهذه الأزمة بقيت أسيرة العمل العربي المشترك، لدى الكثير من الدول العربية (مسلم، 2003، ص94).

كما أن الولايات المتحدة الأمريكية قامت بالحد من قدرة مؤتمرات القمة العربية التي تناولت المسألة العراقية على اتخاذ مواقف أكثر فعالية بشأن المسألة العراقية، والمتمثل بتدويل الأزمة وضلوع الولايات المتحدة فيها بشكل مباشر وهو ما يرتبط بطبيعة المصالح الأمريكية المرتبطة بالمنطقة والتي تدفع الأزمة العراقية باتجاه يكون في غير صالح العراق والعرب، ومن هنا فإن الإدارة

الأمريكية عملت على ممارسة ضغوطها على مؤتمرات القمة العربية لإفشالها، فالموقف العربي تجاه الأزمة العراقية يبدو وكأنه يحاول أن يجمع بين المتناقضات أو يحقق توفيقات صعبة تقترب من المستحيل، فيحاول صيانة علاقاته مع الولايات المتحدة الأمريكية،ويعارض الحرب الأمريكيـة عـلى العـراق، الأمـر الـذي أدى إلى تـأثير سـلبي عـلى الدبلوماسـية العربيـة (www.aljazera.net).

وفي ضوء ما سبق، يمكن القول أن سلوك الولايات المتحدة الأمريكية أثر سلباً على فعالية الدبلوماسية العربية من خلال التأثير السلبي عـلى العمـل العربي المشترك المتمثل في نمط السلـوك الدولي الرافض للتعامل مـع جامعة الدول العربية، أو حتى مع أي دولة عربية كبرى كمتحدثة باسم الدول العربية ككل بهدف محاولة إضعاف المواقف العربية وتفتيت الـدول العربية إلى كيانات منفردة يسهل الضغط عليها من جانب القوى الـدولية والإقليمية، فيمـا يتعلق بالقضايا ذات الاهتمام المشترك (الأزمة العراقية)، كما أدى ذلك إلى أن كثير من القوى الدوليـة تفضل التعامـل مـع المنظمـات العربيـة الإقليمية الفرعية، مثل مجلس التعاون الخليجي والاتحاد المغربي، فعلى سبيل المثال دخـل الاتحاد الأوروبي في مفاوضات طويلة لإقامة منطقة تجارية مشتركة مع مجلس التعاون الخليجي، أو إبرام اتفاقات الشراكة الاقتصادية مع الاتحاد المغربي، وعليه فان القوى الغربية ترفض التعامل مـع المنطقة العربيـة بصورة موحدة، من خلال جامعة الدول العربية بل أنها تفضل التعامل معها بصورة مجزأة، سواء من خلال التعامل الثنائي المباشر مـع كـل دولـة عربيـة عـلى حـدة أو مـع التجمعـات الإقليمية الفرعية التي تقتصر العضوية فيها فقط على أقـاليم فرعية صغيرة.

وبالتالي فإن تأثير الولايات المتحدة الأمريكية على الدبلوماسية العربية يظهر من خلال التأثير على جامعة الدول العربية وقرارات مؤتمرات القمة العربية بهدف شل العمل العربي المشترك وتقويض مؤسساته، أو على الأقل تغيير هويتها وتوجهاتها الرئيسية، فالسياسة الأمريكية والغربية تجاه جامعة الدول العربية وتجاه العمل المشترك تهدف إلى إجهاض أية محاولات لاستعادة التضامن العربي وتعزيز علاقات التعاون الشامل بين الدول العربية خوفاً مما قد يترتب على ذلك من تقليل هيمنة الولايات المتحدة الأمريكية على المنطقة العربية.

ثانياً - الاتحاد الأوروبي:

يُعَدُّ الاتحاد الأوروبي ثاني أكبر قوة اقتصادية بعد الولايات المتحدة الأمريكية، ثم تأتي بعده اليابان، ويشكل تكتلاً اقتصادياً عملاقاً يتميز بميزات فريدة، فهو يتمتع بالثراء في المصادر الطبيعية المتمثلة برأس المال والبنية التحتية، وبخاصة الإفراد والعلماء، ومستوى معيشة عالٍ في العالم مما يعطيه مزايا على الوطن العربي (توفيق، 2003، ص195).

تشغل المنطقة العربية مكانه مهمة بالنسبة للإتحاد الأوروبي وخاصة في المجال الاقتصادي، حيث أن الدول الأوروبية الشريك التجاري الأول للدول العربية،فالدول العربية تمثل المصدر الأساسي للاحتياجات الأوروبية من النفط، كما تمثل سوقاً كبيرة للسلع والمنتجات الأوروبية، من ناحية أخرى تمثل أوروبا المستهلك الرئيسي للنفط العربي خاصة في ظل البحث عن بدائل للنفط العربي، كما تعد أوروبا مصدراً مهماً لتوفير الاستثمارات والتكنولوجيا المتطورة التي تحتاجها الاقتصادات العربية، ومن ثم فالتطورات التي تشهدها

العلاقات الاقتصادية بينهما ذات تأثير على مستقبل هذه العلاقات بين الطرفين، وان ما نحـو 22,7 % من إجمال الصادرات العربية في عام 2006 م اتجه إلى الاتحاد الأوروبي فيما اسـتورد العالم العربي من دول الاتحاد الأوروبي ما نسبته 36,6 % من إجمال الواردات العربية في نفس العام، بالإضافة إلى وجود استثمارات وأموال عربية موظفة في الأسواق الأوروبيـة، وفي المقابـل هناك استثمارات ومؤسسات مالية أوروبية لديها مصالح كبيرة في العديد مـن الـدول العربيـة (جويلي، 2008، ص1).

يظهر موقف الاتحاد الأوروبي تجاه الأزمـة العراقيـة مـن خـلال التركيـز علـى مواقف الـدول في الاتحاد، حيث تشكل موقف الاتحاد الأوروبي من ركيزة التوافق الفرنسي – الألماني المناهض للحرب على العراق، مؤكداً على عدم استنفاذ الوسائل الدبلوماسية وضرورة إعطاء لجان التفتيش مهلـة أطول حيث أن عملها لم يصل إلى طريق مسدود، وإن العراق قـد بـدأ يتعاون مـع فـرق التفتيش الدولية كما أن أي عمل عسكري يتطلـب العـودة إلى مجلـس الأمـن الـدولي فقـد صرح الـرئيس الفرنسـي السـابق "جـاك شيراك" في الرابع مـن تشرـين الأول عـام 2002م خـلال مؤتمـر صحفي مشترك مع المستشار الألماني السـابق " جيرهارد شيرويدر" صرح " نعارض تماماً فكرة إصدار الأمم المتحدة قراراً ينص الآن على التدخل العسكري في العراق بشكل آلي "" حيث يظهـر ذلـك تطابق الموقفين الألماني والفرنسي (www.arabic.peopledaity.com.cn) .

وقد أعلنت فرنسا رسمياً معارضتها للحرب، وضرورة العمل من خـلال الأمـم المتحدة، ولوحت باستخدام حق النقض (الفيتو) ضد إصدار قرار من شانه السماح بشـن الحـرب علـى العراق مما أكد على ثبات الموقف

الفرنسي- الـرافض للحـرب الأمريكيـة - البريطانيـة عـلى العـراق، وبالتـالي شكـل الموقف الفرنسي – الألماني رأس الحربة في الموقف العالمي المناهض للسياسات الأمريكية السـاعية نحـو الحـرب والـرافضة للنـزعة الانفـرادية للولايـات المتحـدة الأمريكية (مركز الأهرام، 2003، ص43-90).

وكان الموقـف الألمـاني الرسـمي متوافقـاً مـع الموقـف الفرنسي- حـول مناهضة السياسة الأمريكية حيال المسألة العراقية، حيث أكدت ألمانيا أن الولايات المتحدة الأمريكية يجب أن لا تتعامل مع الأمم المتحدة باعتبارها تابعه لها، كما كانت ألمانيا من أوائل الدول التي أعلنت بأنها لن تشارك في الحرب على العراق حتى في حال صدور قرار من مجلس الأمن بـذلك، أمـا على المستوى الشعبي فكانت تشهد ألمانيا، بشكل يومي مظاهرات معارضة للحرب، والتي اعتبرت من أضخم الحركات المعارضة للحرب خاصة في الأوسـاط السياسـة للعمال والشباب وأطفال المدارس، وتعتبر المظاهرة التي جرت في منتصف شباط 2003 اكبر مظاهرة تشهدها ألمانيا بعد الحرب العالمية الثانية (مركز الأهرام، 2003، ص43-90).

أما بالنسبة لموقف بريطانيا، فعلـى الـرغم مـن أنهـا الحليـف الأول والأساسي للولايات المتحدة الأمريكية في الحرب، فقد شهدت البلاد معارضة واسعة للحرب وللتورط العسكري في أزمة يمكن حلها بالطرق السلمية، ففي داخل الحكومة البريطانية ظهرت موجة مـن الاعتراضات على سياسة رئيس الوزراء واعتزامه دخول الحرب دون غطاء مـن الأمـم المتحدة، وقد انعكست هذه الاعتراضات في شكل تهديد من الوزراء بالاستقالة من الحكومة، وانتهـت بالفعل باستقالة ثلاثة منهم هم ؛ "روبين كوك " عضو مجلس الوزراء، ووزير شـؤون مجلـس العموم، ووزير الخارجية البـريطاني السـابق، كما استقـال كـل

من "لوردهنت" وزير الصحة، و"جون دنهام" وزير الشؤون الداخلية، أما الرأي العام البريطاني فقد تزايد تنديده بالحرب في أواخر عام 2002 والشهور الأولى من عام 2003، كما شهدت بريطانيا مظاهرات حاشدة، كالمظاهرة التي جرت 28 أيلول 2002 م والتي شارك فيها مابين 250 ألفاً إلى 400 ألفاً متظاهر (مركز الأهرام، 2003، ص 89).

لقد بدأ الموقف الأوروبي من أي عمل عسكري ضد العراق منقسماً بين معسكرين أحدهما مؤيد للولايات المتحدة الأمريكية وفي مقدمته بريطانيا وايطاليا واسبانيا وكل من بولندا، ورومانيا، بلغاريا، جورجيا، وهولندا، فقد كان رؤساء هذه الدول قد كتبوا رسالة تأييد للحرب الأمريكية على العراق، ومعسكر آخر كان محوره فرنسا وألمانيا رافض للحرب (حنا، 2005، ص38).

لقد فشلت الجهود الدولية لكل من فرنسا وألمانيا، في ثني الولايات المتحدة عن عزمها في شن الحرب على العراق، وبدأت الحملة العسكرية البريطانية الأمريكية في شهر آذار حتى وصلت في التاسع من نيسان 2003 إلى أمر واقع فرض على العالم دولاً ومنظمات وأفراداً التعامل معه بما في ذلك الأوروبيون خصوصاً الرافضين للحرب، وانعكست آثار التوتر والخلافات بين الولايات المتحدة الأمريكية والدول الأوروبية من جراء مواقف الأخيرة من الحرب، بردة فعل سلبية للسلوك الأمريكي تجاه الأوروبيين بهدف معاقبة ألمانيا وتحجيم فرنسا، وخاصة فيما يتعلق بأي من عقود مشاريع إعمار العراق، وأدركت أوروبا ضرورة العودة لتحسين علاقتها وتنسيق مواقفها مع الولايات المتحدة الأمريكية في سبيل الحفاظ على الاستقرار في المنطقة العربية فقد صدر قرار عن الأمم المتحدة بالإجماع لإدارة أحوال العراق في تشرين أول

عام 2003 دعا إلى تشكيل قوة متعددة الجنسيات بقيادة الولايات المتحدة الأمريكية ودعا الدول الأعضاء للمساهمة بالقوات والأموال لإعادة الأعمار (جوفري، 2004، ص15).

سعت أمريكا من جانبها إلى استقطاب الأوروبيين من جديد في محاولة لكسب تأييدهم للدور الأمريكي في العراق، فقد قام الرئيس الأمريكي جورج بوش الابن بجولة أوروبية في أواسط العام 2004م زار خلالها كلاً من إيطاليا وفرنسا "للاحتفال بذكرى نزول قوات الحلفاء في إقليم (نور مندي) بفرنسا عام 1944م لتحرير أوروبا من سيطرة النازيين "، في محاولة لربط الدور الأمريكي في تحرير العراق بدوره في تحرير فرنسا وأوروبا في الحرب العالمية الثانية (ابوعامود، 2004، ص121).

بعد الانتخابات الأمريكية في تشرين الثاني عام 2004م وفوز الرئيس بوش الابن للمرة الثانية، استمرت المساعي الأمريكية باتجاه تقريب وجهات النظر في أوروبا فقد قامت وزيرة الخارجية الأمريكية كوندليزا رايز بجولة في أوروبا في شباط عام 2005م، "وقد نجحت محاولاتها تقليص الفجوة الكبيرة مع الأوروبيين بعد حرب العراق" (www.alarabia.net).

ترسخت القناعة الأوروبية بضرورة التفاهم مع الإدارة الأمريكية التي ستستمر لأربعة أعوام أخرى، ومن هنا جاء لقاء الرئيس الأمريكي جورج بوش الابن بالمستشار الألماني جير هار شرودر في اجتماع 2/28/ 2004 بالبيت الأبيض خرج بموقف معلن خلاصته عودة التوافق الأمريكي الألماني (www.almada.paper.com).

عند تقييم الموقف الأوروبي من الحرب على العراق وتحليل المواقف التي انتهجتها الدول الأوروبية قبيل الحرب وبعد الاحتلال يقود إلى نتيجة مفادها التأكيد على أن الاتحاد الأوروبي ببنائه المؤسس وأعضائه مازال اضعف من أن يتخذ موقفاً موحداً يعبر عن أوروبا، بالإضافة إلى أن الدول الأوروبية منفردة وان كانت تلجأ إلى أسلوب المناورة مع الولايات المتحدة إلا أنها غير راغبة بالتورط في مواجهة معها، سواء من خلال كاميرات التلفزه أو المحطات الإعلامية، وتعليل ذلك إدراك الدول الأوروبية أن قدراتها ما تزال متواضعة أمام الولايات المتحدة خصوصاً في إطار الظهور كقوة عظمى قادرة على المنافسة بالإضافة إلى أن الولايات المتحدة قادرة على لعب دور على الساحة الأوروبية أكثر ما بمقدور أوروبا نفسها وكأن مصير أوروبا ومستقبلها تحددهُ الولايات المتحدة الأمريكية.

بعد هذا التقديم الضروري لتوضيح الموقف الأوروبي قبل مرحلة الحرب على العراق وبعد احتلال العراق يجب الإجابة على السؤال التالي:

ما هو تأثير الموقف الأوروبي على الدبلوماسية العربية تجاه الأزمة العراقية؟

لقد أثر الموقف الأوروبي الذي أصبح داعماً للسياسة الأمريكية في العراق على الدبلوماسية العربية، من خلال إبراز سمة التناقض التي لم تعد تمثل العلاقة بين السياسات الأمريكية والدبلوماسية العربية فقط، وإنما تعداها إلى العلاقة بين بعض السياسات الأوروبية والدبلوماسية العربية أيضاً، وذلك بحكم تعلق الأمر بتقارب أوروبي أوسع مع الولايات المتحدة في كافة القضايا الإقليمية في المنطقة العربية وبالذات الأزمة العراقية، ولقد أدى التقارب

الأوروبي الأمـريكي إلى ضـعف ردود الفعـل الرسـمية العربيـة، والعـزوف عـن إعـلان طبيعـة ودواعي الخلافات العربية الأمـريكية أو الإشـارة إلى تحـولات السياسة الأوروبيـة في المنطقـة العربية، الأمر الذي من شأنه أن يحرم الدبلوماسية العربية من ثمار مواقفها الايجابية، ويقلـل من ثقلها في حسابات القـوى الفاعلـة عـلى السـاحة العالميـة، ويعطـي لهـذه القـوى الحريـة الكاملة في اتخاذ سياسات معارضة لقضايا المنطقـة العربيـة وبالـذات الأزمـة العراقيـة، دون اعتبار لـردود الأفعـال العربيـة الرسـمية والشـعبية، فضـلاً عـن أن هـذا يحـول دون إطـلاع الشعوب العربية على مواقف حكوماتها الحقيقة برفض المطالب الخارجية التـي لا تتفـق مـع مصالح دولها أو تتعارض مع المنطلقات الأساسية لسياسـاتها، مـما يدعـو إلى الالتفـاف حولهـا ودعمها في مقـاومة الضغوط التي تمارس عليها، ولقـد أدى ذلك إلى تحـول الشـعوب العربيـة لممـارسة ضغوطاتها على الحكومات العربية لاتخـاذ مـواقف أكثـرَ إقداماً وأشـد جـرأة تجـاه السياسات الأمـريكية الأوروبية لحل الأزمة العراقية (رفعت، 2006، ص9).

لقـد تـأثرت أيضـاً الدبلوماسـية العربيـة بـالموقف الأوروبي المسـاند للولايـات المتحـدة الأمريكية عندما طرحت الولايات المتحدة الأمريكيـة مبـادرة مشروع الشرق الأوسـط الكبـير لإعادة ترتيب المنطقة العربية، التي آثـرت أوروبـا أن تلعـب دور الشريـك للولايـات المتحـدة الأمريكية بدلاً من الوقوف موقف المراقب، حيث عبرّت كل من السعودية ومصر وسوريا عـن قناعاتها أبان اجتماع وزراء الخارجية العـرب في تـونس في آذار2004م عـن رفـض الإمـلاء مـن الخارج خصوصاً فيما يتعلق بالإصلاحات وبناء الديمقراطية (حماد، 2004، ص150).

وتوقفت أعمال القمة العربية التي كان من المقرر لها أن تنعقد في آذار 2004 في تونس وانفرط عقدها، مما يؤكد على حالة الوهن العربي وغياب أدنى درجات التنسيق حتى على مستوى عقد اجتماع بين القادة العرب وليس الخروج بمبادرة أو عمل جماعي من شأنه تعزيز الموقف العربي تجاه المبادرات والمحاولات التي يتم صياغتها بعيداً عن أي دور عربي، واستمرت الإدارة الأمريكية – الأوروبية في تأكيدها للمبادرة مما ولد قوة دفع للدبلوماسية العربية للعودة إلى تونس مرة أخرى لتنجح هذه المرة بعقد القمة في 23 أيار عام 2004 والخروج بوثيقة عربية تحت اسم "مسيرة التطوير والتحديث والإصلاح في الوطن العربي " الوثيقة العربية لم تعد تخرج في مضمونها عما كانت قد أعلنته سابقاً الأوساط الرسمية العربية بثبات الموقف العربي وإجماع العرب على رفض الإملاءات الخارجية والتأكيد مجدداً بأن الإصلاح حاجة عربية ماسة تعمل على تحقيقها النظم العربية انطلاقاً من البيئة الداخلية ووفق قيم ومفاهيم الشعوب العربية بما يتناسب والموروث الثقافي والحضاري للأمة (الأشهب و الحسيني، 2005، ص227).

اتسم الموقف العربي خلال طرح هذه المبادرة بالعمومية وكان الخطاب السياسي العربي في هذه الفترة موجهاً للخارج أكثر من كونه موجهاً إلى داخل المجتمعات العربية التي تعتبر المعني الأول بالإصلاح، وتفسير ذلك عائد إلى أن الأنظمة العربية لديها توافق ضمني من خلال إعلانها عن تبنيها المسير في الإصلاح عن طريق القبول بكل المخططات الغربية الساعية لإعادة ترتيب المنطقة أو إصلاحها شريطة أن لا تطال هذه الإصلاحات مكتسبات النخب الحاكمة.

لقد انعكست العلاقات الأوروبية - الأمريكية على المنطقة العربية بشكل عام وعلى الدبلوماسية العربية بشكل خاص، من خلال رؤيا التوافق على الأهداف والإستراتيجية العامة تجاه المنطقة العربية، وضمن رؤيا التنافس والخلاف في الوسائل، حيث تتفق كل من أوروبا والولايات المتحدة على ضرورة الإبقاء على دول المنطقة العربية ضمن دائرة التبعية للغرب وعدم السماح ببروز أي قوة إقليمية قد تشكل خطراً آنياً ومستقبلياً على المصالح الغربية كما تتفقان على ضرورة التفوق العسكري لإسرائيل، كما تعمل الولايات المتحدة وأوروبا على تجريد المنطقة من طابعها الثقافي والحضاري وذلك بإلحاقها بركب العولمة بمظاهرها الشكلية (نوفل، 2006، ص91).

ومن هنا فان سجل الحكومات العربية لم يكن خالياً من النقد والقصور وربما كان مليئاً بالمخالفات فيما يخص الأزمة العراقية، حيث أن الحكومات العربية تواجه ضغوطاً أمريكية - أوروبية، وبالتالي فإن الدبلوماسية العربية قد أنصبت جهودها على ما يسمى بالدبلوماسية الوقائية، أي أن جل النشاط الدبلوماسي لكل حكومة عربية قد اتجه أما إلى تبرير الوضع القائم أو تقليل التغييرات المطلوب دولياً إحداثها في الواقع السياسي والاجتماعي للمجتمعات العربية.

ثالثاً - روسيا الاتحادية:

أخذت روسيا الاتحادية تركز منذ نشوئها على تحقيق الإصلاحات الاقتصادية وعلى الحاجة إلى تحسين علاقتها مع الغرب، ووجدت أن تركيز التعاون مع الولايات المتحدة هو أفضل وسيلة لحماية مصالحها، الأمر الذي أنعكس على ضعف دورها وتأثيرها في منطقة الشرق الأوسط بشكل عام،

والمنطقة العربية بشكل خاص، ولهذا شعرت القيادة الروسية منذ أواخر عام 1992م بأنه لابد من إعادة تقويم سياستها في الشرق الأوسط حيث ساد رأي مفاده أن السياسة السوفيتية التي تبناها "غورباتشوف" آخر رئيس للاتحاد السوفيتي السابق، تجاه الشرق الأوسط والمنطقة العربية ألحقت خسائر هائلة بالدور الروسي في المنطقة على المستويين السياسي والاقتصادي، ومن ذلك استمرار أو بقاء السياسة الروسية في السعي للتوافق مع السياسة الأمريكية في الشرق الأوسط بصفه خاصة وذلك على أمل حصول روسيا على المعونات والقروض من الولايات المتحدة والغرب عموماً، إلا أن هذه السياسة لم تحقق أهدافها فلم تكن المعونات الغربية كافية لإنقاذ الاقتصاد الروسي من مشاكله، وانعكس ذلك في قيام الرئيس الروسي السابق "يلتسين" في أواخر عام 1992م بالموافقة على خطة متكاملة لسياسة روسيا في الشرق الأوسط، وضعتها وزارة الخارجية ولجنة الشؤون الخارجية في البرلمان الروسي (توفيق، 2003، ص 89).

وتطورت العلاقات العربية – الروسية بعد مجيء الرئيس "بوتين" الذي سعى منذ مجيئه إلى السلطة في آذار 2000م إلى تفعيل السياسة الروسية في الشرق الأوسط، وأكد على مساعي روسيا في إقامة نظام دولي متعدد الأقطاب وعلى حل النزاعات بالطرق السلمية (putin,2000, p 1247-1255).

وفيما يتعلق بالموقف الروسي من الأزمة العراقية، فقد سعت روسيا قبل إعلان الولايات المتحدة الأمريكية وحلفائها إلى إعادة التوازن في تشكيل لجان التفتيش وهو المطلب الذي كان يصر عليه العراق من أجل أن تضم اللجان مفتشين ليس من الولايات المتحدة فقط وإنما من دول أخرى مثل فرنسا

وألمانيا وروسيا، وكانت روسيا على النقيض من الموقف الأمريكي والبريطاني المشترك اتجاه أزمة تفتيش القصور الرئاسية والمؤيد للعمل العسكري والرافض لجميع المبادرات الدولية في هذا الشأن التي تسعى للحل السلمي، واستخدام العمل الدبلوماسي عن طريق الأمم المتحدة، وقد أعلنت وزارة الخارجية الروسية بتاريخ 12-12-1997م أن موسكو تتمسك بضرورة تنفيذ لجنة التفتيش الدولية لمهامها دون صعوبات غير أنه يجب أن يكون هناك احترام للمخاوف العراقية المشروعة المتعلقة بالأمن القومي والسيادة، وبررت رفضها، لاستخدام الخيار العسكري، لأنه يؤدي إلى إبعاد الأمم المتحدة عن مراقبتها التسلح في العراق (بيومي، 2000، ص382).

كان التعاون بين موسكو وواشنطن ضرورياً، لأنه قد ينتج عنه حلاً سلمياً على نحو يمكن أن يقود إلى تسويات تحقق استقرار النظام العالمي تحت قيادة الولايات المتحدة، ولكن سلوك واشنطن تجاه الأزمة التي نشبت مع العراق في تشرين الثاني 1997 أدى إلى القيام بضربات عسكرية أمريكية للعراق في كانون الأول 1998. (مركز الأهرام، 2001، ص52).

وقد أدانت الخارجية الروسية الغارات الجوية وقامت الحكومة الروسية بسحب سفيرها لدى الولايات المتحدة واصدر مجلس الدوما (البرلمان الروسي) قراره بعدم الموافقة على التصديق على معاهدة (ستارت-2) الخاصة بخفض الأسلحة الإستراتيجية ثم أعلن وزير الخارجية الروسي آنذاك " ايغور ايفانوف " أن الهجوم الأمريكي البريطاني في عام 1998م يعتبر خرقاً للقانون الدولي (بيومي، 2000، ص512).

أما فيما يتعلق بقضية رفع العقوبات عن العراق فإن روسيا عارضت استمرار العقوبات الاقتصادية، وسعت إلى وضع حد لها وكذلك إلى وضع نهاية لعملية نزع أسلحة الدمار الشامل، والتي ارتبطت بمسالة رفع الحظر المفروض على تصدير المنتجات العراقية بموجب نص الفقرة (22) من القرار (687)(1991)م، وكانت تطالب بالكف عن عمليات التفتيش عن الأسلحة النووية وإغلاق الملف النووي العراقي على ضوء تقارير الوكالة الدولية للطاقة الذرية, وكانت روسيا تدعو إلى رفع العقوبات الاقتصادية كلما ورد تقدم في مسالة نزع السلاح، وترى إنه من الضروري أن يتخذ مجلس الأمن تدابير حيال هذا التقدم، وإنه من الضروري تسجيل هذا التقدم في التقارير التي ترفع إلى مجلس الأمن من قبل لجان التفتيش، ومع ذلك فان روسيا كانت تربط قضية رفع العقوبات عن العراق بضمان تنفيذ قرارات مجلس الأمن وتطرح حلاً شاملاً للمسالة العراقية، واستقرار الوضع في منطقة الخليج العربي على أساس تعليق ومن ثم إلغاء العقوبات الاقتصادية وتضع شرطين لها، أولهما: استئناف منظومة الرقابة الدولية الدائمة الخاصة بنزع السلاح في الأراضي العراقية. وثانيهما: تطبيع العلاقات الثنائية للعراق والكويت والمملكة العربية السعودية، وكانت روسيا تدعو إلى تسويه عاجلة في منطقة الخليج العربي عموماً، وتحويل هذه المنطقة إلى ساحة خالية من أسلحة الدمار الشامل (توفيق، 2003، ص109-110).

وفي 17-10-2001م أكد رئيس الوزراء الروسي السابق "ايفغيني بريماكوف" انه لا يمكن لروسيا أن تقدم دعماً ولا أن توافق أصلاً على ضرب العراق كجزء من الحملة الأمريكية الحالية في أفغانستان،

مشيراً إلى أن موسكو قد حذرت واشنطن رسمياً بهذا الخصوص. (www.albyan.magazine.com)

ولقد كان الموقف الروسي هو أبرز المواقف الدولية المعارضة للحرب خلال عام 2002م، فمع تصاعد الضغوط الأمريكية، ومطالبة الولايات المتحدة بإصدار قرار جديد من مجلس الأمن برز الموقف الروسي في مقدمة الدول الرافضة للحرب ودأبت موسكو في كل مناسبة دولية على المطالبة برفع العقوبات المفروضة على العراق منذ عام 1991م بحجة أن بقاء هذه الأسلحة أصبح بلا مبرر وإذا كانت الولايات المتحدة الأمريكية ترى استحالة هذه العودة دون نزع أسلحة الدمار الشامل العراقية، فإن روسيا ترى أن التأكد من خلو العراق من الأسلحة ممكن تحقيقه بالعودة لقرارات مجلس الأمن ذات الاختصاص، ولقد رفضت روسيا توجيه ضربة عسكرية أمريكية للعراق، خاصة وأن لديها قناعة تامة بتقديم التسوية السلمية، وذلك لعدم وجود مبرر لهذه الحرب (مركز الأهرام،2001، ص40).

على الرغم من موقف روسيا الرافض للحرب الأمريكية على العراق، إلا أن الولايات المتحدة الأمريكية تجاهلت هذا الموقف وبدأت الهجوم العسكري على العراق في 20-آذار-2003م، حيث كان الرد الأمريكي على المحاولات الروسية لمنع وقوع الحرب كان إما بصرف النظر عنها، أو التطاول على بعضها.

وبعد احتلال العراق في التاسع من نيسان عام 2003 وسقوط بغداد وبرغم توقع الخبراء الروس باقتراب السيطرة الأمريكية على النفط العراقي، فإن موسكو لا تزال تستفيد من الارتفاع المفاجئ في أسعار النفط الراجع في

جزء منه إلى الوضع العراقي، وهو ما يحقق الانتعاشة الاقتصادية التي تحتاجها الخطط الاقتصادية الروسية، وبلا شك فإن المقاومة العراقية التي تجري في العراق تصب في كفة الاقتصاد الروسي، فهذه المقاومة تعطل الخطط الأمريكية الهادفة إلى إنهاء الحرب وإقرار الأمن والسيطرة على النفط، وفي المقابل فقدت روسيا مزايا عديدة نتيجة الحرب الأمريكية – البريطانية على العراق كان أهمها خسائر عشرة شركات نفطية على رأسها "" تاتنفت، وسيبنفت، وزاروبيغ نفت، ولوك أويل، وعملت الشركتان الأخيرتان في جنوبي العراق في حقول يزيد احتياطها على (14) بليون برميل، وبعقود قيمتها نحو ستة مليارات دولار، ومن زاوية أخرى تعطلت الشراكة الاقتصادية مع العراق بعد أن كانت موسكو وقعت عقود مع بغداد قيمتها (40) مليار دولار لإتمام أكثر من مائة مشروع بأيدي روسية، كما كانت روسيا المصدّر الأول للمعدات الصناعية والزراعية الثقيلة، ومصدر توريد وتشغيل محطات توليد الطاقة في مواقع عراقية مختلفة ما زال بعض الفنيين الروس يعملون في ثلاثة منها(في المسيب و بغداد والناصرية) (عبد الحميد، 2004،   ص2-3).

أما بالنسبة لتأثير الدور الروسي تجاه الأزمة العراقية على الدبلوماسية العربية فلقد كانت العلاقات الروسية – العربية خلال فترة الحرب الأمريكية البريطانية على العراق تمر بأسوأ فتراتها، وهو أمر راجع لمشكلتين مرتبطتين، تتمثل الأولى في أحادية التوجه من الدبلوماسية العربية نحو القطب الأمريكي، والثانية استخفاف الدبلوماسية العربية بالدور الروسي، هذا من ناحية، ومن ناحية أخرى فإن التقارب الروسي مع إيران وإسرائيل، أثّر سلباً على فعالية الدبلوماسية العربية من خلال الثقة الكبيرة الروسية الممنوحة للنظام الإيراني

والإسرائيلي بدرجة لم يحظى بها أي نظام عربي منذ انهيار الاتحاد السوفياتي (عبد الحميد، 2004، ص 4-5).

وبالتالي فقد تأثرت حركة الدبلوماسية العربية بالموقف الروسي تأثيراً سلبياً تجاه الأزمة العراقية قريباً من تأثرها بمواقف كل من الولايات المتحدة الأمريكية والاتحاد الأوروبي، بحيث أن السياسة الروسية لم تخرج حتى الآن عن السياسة الأمريكية الساعية لتحقيق الأهداف الإسرائيلية في المنطقة العربية، من خلال طرح مبادرة مشروع الشرق الأوسط الكبير، الذي أثر في أهداف ومبادئ جامعة الدول العربية، وحاول إفشال مسيرة جامعة الدول العربية، بهدف تمزيق الوحدة العربية وتقسيم النظام الإقليمي العربي إلى دويلات صغيرة، والوقوف في وجه العمل العربي المشترك.

رابعاً- الصين:

في عصر الهيمنة الأمريكية على العالم، وغياب القطب الآخر الذي يحدث التوازن بعد سقوط الاتحاد السوفياتي بداية التسعينيات من القرن الماضي، تتجه الأنظار للبحث عمن يمكن أن يكون المنافس لتلك القوة المهيمنة على النظام العالمي، ويكاد يكون هناك شبه إجماع على أن الصين حتى الآن هي الدولة التي تملك المقومات التي تؤهلها لكي تتبوأ هذه المكانة، فمن الناحية البشرية يبلغ عدد سكان الصين ملياراً وثلاثمائة وسبع مليون نسمة، وهو يوازي أربع أضعاف عدد سكان الولايات المتحدة الأمريكية، ومن الناحية العسكرية يعتبر الجيش الصيني أكبر جيش في العالم، إذ يبلغ تعداده مليونين ونصف المليون جندي، ومن الناحية الاقتصادية، يعتبر الاقتصاد الصيني أكبر اقتصاد حقق نمواً في التاريخ المنظور خلال العقدين الماضيين حيث حقق نمواً

بنسبة (8-9%) واستطاعت الحكومة الصينية خلال هذه العقود تخليص ثلاثمائة صيني من الفقر، وأن تضاعف دخول الأفراد أربعة مرات، كما أن الصين تحتفظ بثاني أكبر احتياطي عالمي من العملات الأجنبية وعلى رأسها الدولار الأمريكي، وأما من الناحية التجارية أصبحت البضائع الصينية تشكل قلقاً للدول الصناعية الكبرى بسبب أسعارها المنافسة (منصور، 2005، ص3).

شاركت الصين كلّ من فرنسا وروسيا وألمانيا في معارضة اللجوء إلى القوة دون الرجوع إلى مجلس الأمن، باعتبار الحرب ستكون غير شرعية، ومن جهة أخرى فقد نددت الصين دائماً باستمرار العقوبات على العراق ودعت دائماً إلى اللجوء إلى الحلول السلمية (الجدم، 2003، ص16-17).

لقد رفضت الصين استمرار العقوبات الاقتصادية على العراق وأكد مندوبها في مجلس الأمن في 1998/4/28 على ضرورة رفع العقوبات بأسرع وقت بسبب معاناة الشعب العراقي بقسوة منها، وشدد على أن يعبّر مجلس الأمن عن مرونة إزاء ذلك وأن تقوم برفع تدريجي للعقوبات طبقاً لتنفيذ العراق لقرارات الأمم المتحدة، ويتوافق الموقف الصيني مع الموقف الروسي حول إعادة التوازن في تشكيل لجان التفتيش الدولية عن طريق وزارة خارجيتها، لأن هذا التوازن من ناحية الجنسيات المشاركة سيعمل على انجاز مهمة اللجنة، ولمّا عبر الأمين العام آنذاك عن موقف الأغلبية العظمى من أعضاء المنظمة الدولية حين قدم اقتراحاً لمجلس الأمن يتضمن وضع جدول زمني لإنهاء العقوبات المفروضة على العراق، رحبت روسيا وفرنسا والصين بهذه المبادرة، وحينما قامت الولايات المتحدة الأمريكية وبريطانيا بالهجوم على العراق بسبب الموقف من لجان التفتيش، أدان الصين في

1998/12/17 الغارات الجوية الأمريكية - البريطانية وطالبت بوقف الأعمال العسكرية على الفور، وعند صدور قرار مجلس الأمن 1248 في عام 1999 امتنعت الصين عن التصويت بالإضافة إلى روسيا وفرنسا وماليزيا، حيث أكد مندوبها في المجلس بأنه إذا كانت هناك واجبات على العراق فهناك واجبات على مجلس الأمن نحو العراق (بيومي، 2000، ص315-542).

على الرغم من محاولات الصين لثني الولايات المتحدة الأمريكية وحلفائها عن توجيه ضربة عسكرية للعراق وشن الحرب عليها، إلا أن الولايات المتحدة لم تستجيب لمحاولات الصين لمنع وقوع الحرب على العراق، وبالتالي فان الموقف الصيني بعد الحرب الأمريكية البريطانية على العراق لا يختلف عن موقف كل من روسيا وفرنسا وألمانيا، حيث أن الصين لا يمكن لها أن تتبنى سياسة معاداة الولايات المتحدة الأمريكية وغير قادرة على منافستها، وأخذت تمارس دور الشريك أكثر من دور المنافس، وهذا يتوافق مع موقفها قبل إعلان الحرب الأمريكية - البريطانية على العراق، فبالرغم من موقف الصين في المطالبة برفع العقوبات عن العراق، فإنها لم ترغب في تصدّر الموقف المناهض للتيار الذي تقوده الولايات المتحدة وبريطانيا، لأنها لا ترغب أن تكون معارضة للولايات المتحدة الأمريكية مباشرة، بل تسعى إلى تبني موقف وسط بين العراق والولايات المتحدة الأمريكية، إذ أن هذا الموقف الوسط لا يعيق السياسة الأمريكية، ويرضي في الوقت نفسه المواقف التي يذهب إليها بعض الأعضاء الدائمين في مجلس الأمن (توفيق، 2003، ص220).

على الرغم من مرور سبعة عشر عاماً على إقامة العلاقات الدبلوماسية بين الدول العربية والصين، وعلى الرغم من أن الصين كانت أول دولة غير عربية تعترف بمنظمة التحرير الفلسطيني، ومؤكدة على الاستقرار في العراق وممارسة الشعب العراقي لسيادته والحفاظ على وحدة وسلامة الأراضي العراقية، ونبذها للإرهاب وعدم ربطه بدولة أو عرق، وبالرغم من أن حجم التبادل التجاري بين الصين والدول الأعضاء قد تجاوز (20) مليار دولار أمريكي خلال عام 2003م، فلم تتمكن الصين من الخروج عن الهيمنة الأمريكية، وأخذت تنظر إلى مصالحها الأساسية التي أخذت تحكم سياستها الخارجية بصورة أكبر من الاعتبارات الأيدلوجية، فضلاً عن ذلك فإن إسرائيل تعمل على تحييد الدور الصيني في المنطقة العربية وتحاول تقييد علاقة الصين بالعرب، الأمر الذي انعكس سلباً على فعالية الدبلوماسية العربية (سري، 2003، ص3).

ولقد أثر سلوك الصين على الدبلوماسية العربية تجاه الأزمة العراقية أيضاً من خلال توجهه الجديد لإقامة علاقات مع إسرائيل، بحيث تنامت العلاقات الصينية – الإسرائيلية في المجالات الاقتصادية والعسكرية والدبلوماسية، الأمر الذي أضعف التحالفات العربية والدبلوماسية العربية على الصعيد الدولي لصالح القضية العربية وخاصة الأزمة العراقية، وكشف ذلك ظهر الموقف العربي الدبلوماسي في الأمم المتحدة أمام الضغوط والإملاءات الأمريكية والتجاوزات العدوانية الإسرائيلية المتصاعدة (الحمد، 2005، ص 4).

لقد كان لسياسة الولايات المتحدة الأمريكية تجاه منطقة الشرق الأوسط بشكل عام، والمنطقة العربية بشكل خاص، بالغ الأثر على الدور الصيني اتجاه

الدبلوماسية العربية، من خلال تطوير العلاقات الصينية الأمريكية وتزايد التبادل التجاري بينهما مما يحول دون تفاقم الأزمات بينهما، وبدفع الصين لتجنب الصدام مع السياسة الأمريكية في منطقة الشرق الأوسط، أدى ذلك إلى ارتباط العديد من الدول العربية سياسياً واقتصادياً مع الولايات المتحدة الأمريكية والاتحاد الأوروبي، علاوةً على تنامي العلاقات الصينية مع إسرائيل بدرجة تمنعها من انتقادها أو التصويت ضدها في الأمم المتحدة، بالإضافة إلى أن الصين تنظر إلى الشرق الأوسط على أنه مسألة معقدة جداً، وإن للعرب وجهات نظر مختلفة حوله (تشاوشينغ، 2005).

لذا يجب على الدبلوماسية العربية القيام بالعديد من الإجراءات لتصحيح مسارها مع الصين ويمكن ذلك من خلال توسيع التبادل الثقافي بين الصين والدول العربية، وزيادة تطوير التبادل الاقتصادي، وإنشاء مناطق حرة بين الصين والدول العربية، والتعاون مع الصين لتصحيح الميزان الاستراتيجي في الشرق الأوسط. (سليم، 2003، ص9)

وأما مواقف القوى الإقليمية الرئيسية تجاه الأزمة العراقية ومدى تأثيرها على فعالية الدبلوماسية العربية فتتمثل في الآتي:

1- تركيا

2- إيران

أولاً – تركيا:

تعد عوامل الدين والإرث الثقافي والموقع الجغرافي أدوات للروابط المشتركة بين العرب والأتراك، إلا أن هناك متغيرات أخرى أخذت تساهم في التأثير على العلاقات بين الجانبين مثل القضية الفلسطينية والأزمة العراقية.

مرت العلاقات العربية – التركية بمراحل مختلفة ومتنوعة اتسمت بالصراع والتعاون والاتفاق والاختلاف، وكان القرن المنصرم قرن المشكلات والشكوك بالنسبة لهذه العلاقات، وتعتبر الدول العربية ثالث شريك تجاري لتركيا بعد الاتحاد الأوروبي ومجموعة الكومنولث، كما يمثل العرب ثاني أهم مورد سياحي لتركيا بعد السياحة الأوروبية، ويزيد حجم التبادل التجاري بين تركيا والدول العربية على خمسة مليارات دولار، كما أن هناك مجموعة من الاستثمارات العربية في تركيا، تقابله استثمارات تركية في عدة دول عربية (www.thisissyria.net).

ترجع جذور الدور التركي الإقليمي إلى اندلاع الحرب العراقية – الإيرانية حيث تبنت تركيا دوراً محايداً تجاه هذه الحرب، وعملت وبشكل معلن إلى تسويتها سلمياً لعدة أسباب:- (حيدري، 1986، ص125- 126)

1. زيادة حجم التبادل التجاري بين تركيا والعراق وإيران بشكل كبير بسبب الحرب ولكن بالتوافق مع التوجهات الجديدة للسياسة الاقتصادية التركية التي تؤكد على الالتفات نحو الشرق الأوسط.

2. إن استمرار الحرب يخلق فراغاً خطيراً للقوة في المنطقة.

3. خشيت تركيا من أن تكون نتائج الحرب غير ملائمة لها إذا ما وصلت عناصر راديكالية في العراق وإيران إلى سدة الحكم، مما سيزيد من عوامل عدم الاستقرار في المنطقة، ويخلق مبررات زيادة التدخل الخارجي في شؤونها.

لقد وفرت حرب الخليج الثانية عام 1990-1991 فرصة مضافة إلى تركيا لكي تلعب دوراً إقليمياً أكبر، وذلك حينما اصطفت إلى جانب الدول الحليفة ضد العراق وكانت تركيا تأمل أن يتم تفهم هذا الموقف بشكل أكبر من قبل الغرب لكي تلعب دوراً كبيراً في منطقة الشرق الأوسط، إذ أن سياسية خلق " شرق أوسط جديد" في الاصطلاح الدبلوماسي الأمريكي ترقى إلى تسوية الصراع العربي- لإسرائيلي، والعمل على إيجاد تدابير الأمن والحد من الأسلحة والتنمية من خلال تعزيز التعاون الاقتصادي الأمريكي، وإن المفتاح لهذا الدور الجديد هو تركيا وإسرائيل ويتم ذلك من خلال المرور عبر قناة الولايات المتحدة الأمريكية التي تسعى إلى تخفيض اعتماد إسرائيل عليها عن طريق تطوير صيغ تعاون اقتصادي جديدة إقليمية في المنطقة، وتعتبر عملية السلام هي التي تتكامل فيها إسرائيل والوطن العربي في الإطار الإقليمي للشرق الأوسط (حتي، 1995، ص478).

إن الحقيقة التي يتفق عليها جميع الخبراء أن أحداث 11 أيلول عام 2001 وما تلاها من حرب شاملة على ما أسمته الولايات المتحدة بالإرهاب، أبرزت بصورة واضحة مكانة تركيا الإستراتيجية في المنطقة وأهميتها في التوازنات الدولية من نواحٍ شتى، ولقد رفضت تركيا الحرب الأمريكية – البريطانية على العراق، وأكدت ضرورة إيجاد حل للمشكلة الفلسطينية قبل ذلك، حيث ترى تركيا أن شن الحرب على العراق يعني بالدرجة الأولى توجيه ضربة قاسية للاقتصاد التركي (صواش، 2002، ص1).

وبعد احتلال العراق، كان الموقف التركي ينطلق من المعارضة التركية الشديدة لتقسيم العراق، انطلاقاً من الرؤى الإستراتيجية لحماية الأمن القومي

التركي، والتي ترفض قيام كيان كردي في شمال العراق، والخوف من أن يعزز ذلك التوجهات الاستقلالية أو الانفصالية لأكراد تركيا، وهي سياسة كان لها الدور الحاسم في ردع المخططات الرامية إلى تقسيم أراضي العراق، علماً بأن تقسيم العراق يحظى بدعم إسرائيلي (سلمان، 2004، ص4).

على الرغم من التوافق العربي التركي الرافض لتقسيم العراق، فإن الدور التركي كان له أثر سلبي على فعالية الدبلوماسية العربية من خلال دخول تركيا في علاقات وثيقة مع إسرائيل في سياق تحالفها مع الغرب في أمريكا وأوروبا وعضويتها في الحلف الأطلسي، وانسجام مفهومها مع مواقف هذه الدول تجاه الأزمة العراقية حيث أن كلاً من إسرائيل وتركيا تنظر إلى التحالف القائم بينهما باعتباره ركناً ثابتاً في إستراتيجيتهما السياسية والعسكرية على الصعيد الإقليمي، كما أن هذا التحالف يشكل تجسيداً لمصالح حيوية مشتركة ومصدراً لأفضليات عدة، على صعيد التوازنات الإستراتيجية في المنطقة، والى حد يجعل من الصعب على كل واحد منهما التخلي عنه مهما كانت الدوافع التي قد تستدعي ذلك، مما يؤدي إلى التأثير على الدول العربية نتيجة فقدان حليف إقليمي قوي، كما أن التحالف الاستراتيجي بين تركيا وإسرائيل يهدد الأمن القومي العربي، ويعيق تفعيل العمل العربي المشترك نتيجة لارتباط تركيا وإسرائيل بادوار محددة ووظائف جديدة لهما تحت المظلة الأمريكية في أطار إعادة تشكيل البنية الأمنية والاقتصادية للشرق الأوسط.

ثانياً - إيران:

تعد صلات الدين والجوار والتاريخ المشترك من ابرز العوامل التي تجمع الـدول العربيـة وإيران، وقد عرفت العلاقات العربية – الإيرانية مرحلة مـن الصـراعات والمنافسـات الطويلـة التي لم تتوقف على مر التاريخ وان اندلاع حرب الخليج الثانية 1990-1991 وما رافقها مـن نتائج و مجيء الرئيس السابق محمد خاتمي إلى السـلطة في إيـران 1997 يعـد مـن المراحـل الجديدة في العلاقات العربية – الإيرانية مـن حيـث الانفتـاح والايجابيـة مـما يـوحي بعـودة حيوية للعلاقات بينهم (توفيق،2003، ص314).

وكان لمجيء محمود احمد نجاد إلى موقع رئاسة الجمهورية الإيرانية بالانتخاب الشعبي المباشر في عام 2005 وتطويره دبلوماسية خـارجية نشـطة، عـلاوة عـلى وضعـه مشرـوع متكامل للتغلغـل في دول الخليج العربي، أكبر الأثر لقيام إيران بـدور جديد – قـديم كدولـة مركزية تسعى للتمدد خارج نطاقها الإقليمي كلـما تمكنـت مـن ذلـك، ولاسـيما بعـد احـتلال العراق.

لقد أصبحت مفردة الوجود الأجنبي مرادفة للخطر الإيراني، إذ أن الحـديث عـن قضية الوجود الأجنبي يثير خـلافاً بين إيران وجيرانها العرب الذين يتهمونها بالسعي من وراء هذا الحديث إلى الاسـتفراد بـدولهم كـما نجحـت في السـابق في فـترة الرئيس خـاتمي في اخـتراق المواقف الجماعية، سواء السياسية أو الأمنية، ولقد توج النجاح الإيراني (آنذاك) مع المملكة العربية السعودية بتوقيع البلدين عام 2001 اتفاقية أمنية، كانت إيران قد توصلت لمثلها مـع الكويت ودول أخرى، وعرضت قبل ذلك القيام بخطوات

إستراتيجية لتعزيز التعاون الأمني للوصول إلى شراكة دفاعية كاملة تجعل الوجود الأجنبي في المنطقة عبئاً عليها وعلى الدول الأجنبية نفسها: أمريكا وبريطانيا اللتان تملكان وجوداً عسكرياً في مياه الخليج ولكن مع بروز عامل جديد بعد أحداث الحادي عشرمن أيلول عام 2001 (الإرهاب)، والقرار الأمريكي بتغيير تدريجي لخارطة المنطقة الجيو سياسية، تارة نحو شرق أوسط كبير، وتارة أخرى لخلق شرق أوسط جديد، وإن مقولة "" الوجود العسكري الأجنبي "" في المنطقة والتي وصلت إلى ما تضمنته إستراتيجية الرئيس بوش وفق ماديات أخرى لم تكن يوماً في الحسبان بالنسبة لإيران، وباتت اليوم تشكل خطراً جدياً لم يكن في يوم من الأيام على إيران وعلاقاتها العربية كما هو الآن (www.swissinfo.cn).

لقد حذرت الولايات المتحدة الأمريكية أي طرف من التدخل في شؤون العراق وتحديداً إيران التي حافظت على موقف قريب من الحياد النسبي تجاه الحرب الأمريكية – البريطانية على العراق التي وقعت في 2003/3/20، وذلك من أجل عدم استثارة الولايات المتحدة الأمريكية، كما أنها لا تحبذ تقسيم العراق، حيث يمثل ذلك سعياً إيرانياً لتقويض الضربة الموجهة إلى العراق بقدر الإمكان لإدراكها أن الولايات المتحدة الأمريكية بوجودها العسكري في العراق ستكون قد استكملت حلقات الطوق الذي تنوي وضعه حولها لمنعها من ممارسة أي نشاط معادٍ للولايات المتحدة الأمريكية أو أحد حلفائها وخاصة إسرائيل، بل قد يشجع هذا الوجود العسكري للولايات المتحدة الأمريكية على توجيه ضربة وقائية لإيران.

ولقد تأثرت الدبلوماسية العربية بالدور الإقليمي الإيراني في المنطقة من خلال السياسة التي تتبعها الولايات المتحدة الأمريكية مع إيران والتي تقوم

على أساس المصلحة الأمريكية وليس المصلحة العربية، حيث يفترض بالدول العربية حين تريد أن تحدد موقفاً أو تتبع سياسة مع إيران، فمن المفروض أن تفعل ذلك بناءً على الحسابات العربية وليس على الحسابات الأمريكية وبما تراه يخدم المصالح العربية وفي الحقيقة أن إيران تلعب دوراً مهماً في إثارة عدم الاستقرار في العراق، الأمر الذي ينعكس سلباً على فعالية الدبلوماسية العربية تجاه الأزمة العراقية نتيجةً لاحتفاظ الحكومات العربية بمواقفها من الأزمة العراقية كقطع شطرنج تحركها أمريكا في الاتجاه الذي تريد (www.abasvan.net).

2.5 تقييم عمل الدبلوماسية العربية في إطار النظام الإقليمي العربي و النظام الدولي:

بعد الحديث عن المتغيرات الداخلية للنظام الإقليمي العربي والقوى الدولية الإقليمية الرئيسية المؤثرة على الدبلوماسية العربية تجاه الأزمة العراقية، لابد من تقييم عمل الدبلوماسية العربية:

شهدت الدبلوماسية العربية خلال هذا العقد من القرن الحادي والعشرين تراجعاً كبيراً في نشاطها وتحركاتها في الإطار الدولي، سواء من حيث مستوى التمثيل في المؤتمرات والمناسبات الدولية أو في عمق جدية الاهتمام بالقضايا الدولية ذات الطابع العالمي والإنساني أو من حيث حجم المشاركة ومقدار التأثير في صياغة القرارات الدولية، فعلى هذه المستويات جميعها يمكن ملاحظة التراجع النسبي للدبلوماسية العربية عما كان عليه الوضع في العقود السابقة، فقد اكتفى الاهتمام العربي بالقضايا ذات الصلة المباشرة بالأمن الوطني للدول العربية كالنزاعات الإقليمية و قضايا الخلافات

بين الدول العربية، وفقد العرب الاهتمام بالقضايا ذات البعد الإنساني العام والعالمي، كما فقدوا الاهتمام بالقضايا ذات الصلة بالأقاليم والتجمعات الجغرافية الأخرى.

وفي مجال نزع أسلحة الدمار الشامل ومنع انتشارها والاهتمام بالقضايا التي انتشرت من خلال مفهوم العولمة والمتمثلة بقضايا البيئة ومكافحة التلوث ومكافحة المخدرات وغيرها، لم يكن للدبلوماسية العربية جهداً مؤثراً في النظام الدولي، كما لا يوجد أي محاولة جادة لبلورة موقف عربي موحد لهذه القضايا أو التنسيق بين الدول العربية لكيفية مقاربة هذه القضايا والموضوعات في الإطار الدولي.

فيما يتعلق بجدول أعمال مؤتمرات القمة العربية، نجدها ومنذ بداية هذا العقد من القرن الحادي والعشرين موجهة إلى القضايا المحلية وعدم الاهتمام بالقضايا ذات الطابع العالمي والإنساني، وقد انعكس ذلك على أسلوب عمل ومجال اهتمام سفراء الدول العربية في الخارج وممثلي الدول العربية لدى المنظمات الدولية، كذلك الوفود المشاركة في المؤتمرات والمناسبات الدولية، وهو نتيجة تحول مفهوم التحالفات الدولية والاهتمام بقضايا الآخرين.

أما دبلوماسية حكومات الدول العربية، وممثليها في المحافل الدولية، فقد تركزت جهودهم الدبلوماسية على ما يسمى بالدبلوماسية الوقائية، أي أن جل النشاط الدبلوماسي لكل حكومة عربية قد اتجه إما إلى تبرير الوضع القائم أو تقليل التغييرات المطلوب دولياً إحداثها في الواقع السياسي والاجتماعي للمجتمعات العربية.

أما بالنسبة لجامعة الدول العربية فقد تعرضت لتحديات دولية وإقليمية حالت دون تمتعها بالفعالية، فلقد تأثرت الجامعة إلى حد كبير في تصديها للأهداف الغربية بطبيعة المناخ العام المسيطر على العلاقات الدولية، لا سيما فيما بين القوى الكبرى الفاعلة في النظام الدولي، فعلى سبيل المثال أدت العلاقات الثنائية إلى أصابت المنظمة في بعض فترات حياتها بالعجز والشلل، إذ انقسمت الدول الأعضاء فيها بين منحاز لأحد القطبين ومنحاز للقطب الآخر، الأمر الذي كان له أكبر الأثر في الحد من فعاليتها، ولعل هذا ظهر بشكل واضح بالأزمة العراقية التي أدت إلى قيام خلافات حادة بين الجامعة ومعظم الدول العربية، وهو ما أنعكس بدوره على أداء الجامعة وفعاليتها.

وعلى المستوى الإقليمي ؛ فلقد تعددت التحديات التي واجهها النظام الإقليمي العربي من جانب بعض دول الجوار (تركيا، إيران، أثيوبيا) غير أن هذه التحديات تبقى قليلة الأهمية إلى جانب التحدي الأكبر والذي يتمثل في وجود إسرائيل الاستعماري الاستيطاني على أرض فلسطين.

أما فيما يتعلق بالدبلوماسية العربية والأنظمة العربية ؛ فالدبلوماسية العربية تعكس واقع تشرذم الأنظمة العربية، وهي أنظمة ما زالت بعيدة كل البعد عن أن تسمى أنظمة ديمقراطية من حيث احترام حقوق الإنسان وإعلاء شأن منظمات المجتمع المدني وتكريس التداول السلمي للسلطة، وستبقى الأنظمة العربية تراوح مكانها بل وستزداد حدة الصراع بينها لأنها أنظمة غير مبادرة تمثل شعوبها بل إنها تمثل مصالح النخب الحاكمة.

أما على صعيد العمل العربي المشترك، فإن الدبلوماسية العربية تواجه العديد من الضغوطات الخارجية التي تعيق تفعيل العمل العربي المشترك،

وذلك لأن أي تكتل عربي يعتبر مساساً بمصالح القوى الخارجية، فالمهم في هذا الإطار أن تعمل الدول العربية على تقليل حدة أو إضعاف الضغوطات الخارجية عليها، كما يمكن للعرب أن يعتبروا هذه الضغوطات عاملاً مشجعاً في تفعيل دورهم في علاقاتهم العربية - العربية والعربية الدولية. إن العمل العربي المشترك يمثل أحد الآليات الملائمة لإصلاح الخلل في توازن القوى العربية مع الأطراف الإقليمية مع ضرورة ترسيخ الهوية العربية القومية، وفي هذا الإطار فإن العلاقات العربية - العربية ستحقق موقعاً أفضل على المستوى الإقليمي والدولي الأوسع، وبالتالي فإنه لا بد من وجود قدرٍ أفضل من العمل العربي المشترك والدبلوماسية العربية في الوصول إلى التوازن المطلوب بين الأطراف العربية الفاعلة، وهي دفعة تتحقق عندها مصالح الدول العربية الكبيرة بما لا يتعارض أو يمس مصالح الدول العربية الصغيرة.

أما بعد أحداث الحادي عشر من أيلول عام 2001 واحتلال العراق في التاسع من نيسان عام 2003 فقد فشلت الدبلوماسية العربية في التعامل مع الحدثين السابقين بالشكل المطلوب، على الصعيدين الإقليمي والدولي، بحيث لم يعد أمام الدبلوماسية العربية أي هامش للمناورة وأصبح الأمر يتطلب إدخال تعديل جوهري على أسلوب عمل وتحرك الدبلوماسية العربية في الإطار الدولي وضرورة تبني أسلوب عمل يأخذ بعين الاعتبار التغييرات الجديدة في العلاقات الدولية التي يراد تعميمها لقياس سلوك الدول، وهذا يتطلب بالأساس مراجعة جدية لكيفية صياغة السياسات الخارجية للحكومات العربية وأداة تنفيذها وتسويقها ومدى شفافيتها داخلياً وخارجياً، حيث أن الدبلوماسية العربية هي وجه السياسة الخارجية للدول العربية، مجتمعة ومنفردة، واستمراراً للوجه الداخلي لهذه الدول.

الخاتمة

إن الحرب على العراق بينت مجموعة من السمات الخاصة بالدبلوماسية العربية، التي تتمثل في أن الدبلوماسية العربية هي في العموم دبلوماسيه منفعلة أكثر مما هي فاعله، وهي دبلوماسيه استجابات أكثر مما هي دبلوماسيه مبادرات، وهي دبلوماسيه فاقدة لأي برنامج عمل بما في ذلك برنامج عمل لمواجهة الأزمات، علاوة على أنها لاتجيد استغلال الفرص والظروف من اجل بلورة موقف عربي موحد تجاه حرب كانت قائمه على الأوهام وهي دبلوماسية تفتقر إلى مهارات التفاوض وتفتقر إلى الشفافية والديمقراطية .

لقد كان واضحاً كم أن الحرب التي شنتها الولايات المتحدة على العراق هي حرب ظالمه وغير أخلاقيه وغير مبررة وهي حرب قائمه في مجملها على الأكاذيب والمبالغات حول أسلحة الدمار الشامل، وعلاقة العراق بالإرهاب الدولي وعدم التزامه بقرارات الأمم المتحدة وربطه بتنظيم القاعدة بالإضافة إلى ادعاء الولايات المتحدة بنشر ـ الديمقراطية، ورغم هذه المبالغات والأكاذيب فلم تتمكن الدبلوماسية العربية من إبراز هذه الجوانب المظلمة والدخول في معركة إعلاميه ودبلوماسيه لفضح المبررات والأسباب الحقيقية التي تم توضيحها في بداية هذا الكتاب حتى تتمكن الدبلوماسية العربية من كسب تأييد الرأي العام العالمي لبلورة موقف عربي موحد تجاه الحرب.

ومن هنا تبين لنا سلوك الدبلوماسية العربية تجاه الأزمة العراقية، كما يلي:

1. إن سلوك الدبلوماسية العربية تجاه الأزمة العراقية يتأثر بحالة النظام الإقليمي العربي السائدة ويظهر ذلك من خلال أن عجز الدبلوماسية العربية هو تعبير صارخ عن عجز النظام العربي بحيث لا يمكن الحديث عن دبلوماسيه عربيه قاهرة أو ناقصة أو فاشلة بمعزل عن النظام الإقليمي العربي، حيث لعبت المتغيرات الداخلية المكونة من الأمن القومي العربي والاقتصاد العربي والعلاقات العربية - العربية، دوراً أساسياً فيما تواجهه الدبلوماسية العربية من ضعف أو عدم فاعلية في التعامل مع الأزمات الدولية وخاصة الأزمة العراقية وهذه النتيجة هي اختبار لفرضية للدراسة الأولى.

2. كان لموقف الولايات المتحدة الأمريكية وحلفائها تأثيراً سلبياً على فعالية الدبلوماسية العربية تجاه الأزمة العراقية وبالذات على جامعة الدول العربية من حيث أهدافها ومبادئها، إذ أن الجامعة العربية لم تقم بأي دور لتحقيق أي من الأهداف المتعلقة بصيانة سيادة الدول الأعضاء أو اتخاذ التدابير الوقائية والدفاعية عن دولة عضو ومؤسس لجامعة الدول العربية، ولقد أدى ذلك إلى الحد من قدرة مؤتمرات القمة العربية على اتخاذ مواقف أكثر فعالية بشأن الأزمة العراقية من خلال تدويل الأزمة وضلوع الولايات المتحدة الأمريكية فيها بشكل مباشر، وهو ما يرتبط بطبيعة المصالح الأمريكية في المنطقة العربية التي تدفع الأزمة في اتجاه ليس في صالح العراق والعرب، حيث تعمل الإدارة الأمريكية على ممارسة ضغوطها على مؤتمرات القمة العربية لإفشالها أو لتهميش مخرجاتها، بما لا يهدد مصالحها في المنطقة، الأمر الذي ينعكس سلباً على دبلوماسية القمة العربية من خلال عدم الثقة بنتائجها ومخرجاتها.

وعند النظر إلى فاعلية مؤتمرات القمة العربية الخاصة بالأزمة العراقية، نجد وبنظرة موضوعية، أنه لا يمكن وصف نتائجها إلا بالهامشية حيث لم تعتمد

على القرارات والسياسات العملية التي تخدم العمل العربي المشترك وتتعامل بإيجابية مع المتغيرات الدولية المؤثرة سلباً على المصالح والقضايا العربية، وهناك قيود تعيق تفعيل مخرجات مؤتمرات القمة العربية بعضها يتصل بالواقع العربي ذاته، بينما يرتبط بعضها الآخر بالظروف الإقليمية والدولية المحيطة بالنظام العرب.

ولقد انعكس موقف الولايات المتحدة الأمريكية على مواقف كل من الاتحاد الأوروبي وروسيا الاتحادية والصين وتركيا وإيران الذين لم يتمكنوا من منع الولايات المتحدة من شن الحرب على العراق، والذين اتبعوا السياسة الأمريكية حفاظاً على مصالحهم معها، الأمر الذي يؤكد تأثر الدبلوماسية العربية بالنظام الدولي (الولايات المتحدة الأمريكية) وبطبيعة الأوضاع الدولية السائدة.

3. أنه كلما توافقت أراء الحكومات العربية مع شعوبها كلما لعبت الدبلوماسية العربية دوراً ايجابياً وليس سلبياً تجاه الأزمة العراقية ولعل هذا برز بشكل واضح من خلال التحديات التي تواجه الدبلوماسية العربية في التعامل مع الأزمة العراقية وتحديداً في التحدي الثالث الذي يتمثل بوجود فجوة واسعة بين معظم النظم العربية وشعوبها، ناجمة عن تراجع وانهزام النظم العربية أمام القوى الخارجية المعادية، وبالتالي نجد النظم العربية نفسها مدعوة إلى الاختيار بين مجاراة مشاعر شعوبها المعادية لسياسة أمريكا تجاه العراق، وبين مجاراة سياسة أمريكا المعادية للعراق، بالإضافة إلى اختلاف موقف الحكومات العربية الرسمي تجاه الأزمة العراقية ما بين مؤيد ومعارض بشكل غير مباشر للحرب الأمريكية - البريطانية بعكس موقف الشعوب

العربية التي رفضت هذه الحرب بشكل قطعي، الأمر الذي ينعكس سلباً على فعالية الدبلوماسية العربية.

4. أن الحرب الأمريكية البريطانية على العراق لم تكن نتيجة التخلص من أسلحة الدمار الشامل كما كانوا يدعون بل وضّحت هذه الدراسة أن الأسباب الحقيقية لاحتلال العراق تتمثل بإستراتيجية الأمن القومي الأمريكي وبالوضع الاقتصادي الأمريكي وتكريس الهيمنة الأمريكية وحل القضية الفلسطينية لصالح الجانب الإسرائيلي حيث كانت هذه الأسباب بمثابة الدافع وراء احتلال العراق، ولقد عملت هذه الأسباب على تباين مواقف الدول العربية تجاه الحرب الأمريكية – البريطانية على العراق ووقفت حائلاً دون إقامة نظام إقليمي عربي موحد، بدءاً من قيام الولايات المتحدة وضمن إستراتيجية أمنها القومي بطرح مبادرة مشروع الشرق الأوسط الكبير الذي يهدف إلى إنهاء آمال الدول العربية في الوصول إلى العمل العربي المشترك واختراق جامعة الدول العربية، حيث أدى ذلك إلى تكريس الدبلوماسية القطرية العربية للتعامل مع الأزمة العراقية، بالإضافة إلى أن هذه الأسباب أدت إلى تعميق تبعية الدول العربية للاقتصاد الأمريكي كون الولايات المتحدة الأمريكية بعد احتلالها للعراق أصبحت تتحكم بسوق النفط العالي، الأمر الذي أنعكس سلباً على فعالية الدبلوماسية العربية .

5. تبين لنا أن هنالك مجموعة من التأثيرات الاستراتيجيه للأزمة العراقية على دول الجوار العربي وخاصة فيما يتعلق بتهيئة الأوضاع الإقليمية على نحوٍ أدى إلى تمكين الدول الهامشية في النظام العربي من لعب دور متصاعد لحساب الولايات المتحدة الأمريكية وبتحريض وتشجيع منها على حساب دول القلب في النظام العربي، حيث أدى ذلك إلى اختراق الولايات المتحدة الأمريكية

للنظام الإقليمي العربي ومؤسساته، مما يشكل ذلك تحدياً غير مسبوق للأمن القومي العربي، الذي يعتبر ركيزة العمل العربي المشترك .

6. أن دبلوماسية جامعة الدول العربية تجاه الأزمة العراقية كانت تعاني من التردد والارتباك والضغوطات الذاتية المقيدة للحركة ناتجة عن اختلاف مواقف الدول العربية.

7. أن قرارات وتوصيات مؤتمرات القمة العربية التي تناولت الأزمة العراقية لم تمثل إلا الحد الأدنى من احتياجات العراق بحيث كانت غالبية قراراتها تنحصر ـ بين الإدانة والشجب والتوصيات النظرية بالإضافة إلى الدور الخارجي الذي يحد من قدرة مؤتمرات القمة العربية على اتخاذ مواقف أكثر فاعلية بشأن الملف العراقي.

8. أنه نتيجة لتباين مواقف الدول العربية تجاه الاحتلال الأمريكي للعراق، فقد كان دور الدبلوماسية العربية متواضعاً حيث لجأت كل دوله عربيه لإقامة علاقات دبلوماسيه منفردة للتعامل مع الأزمة العراقية، وهذا يقودنا إلى أن دور الدبلوماسية العربية الجماعية كان ضعيفاً للغاية بعكس دور الدبلوماسية العربية الفردية وذلك نتيجة تعمد الولايات المتحدة الأمريكية إلى تفكيك ما تبقى من النظام الإقليمي العربي وربط الدول العربية (فرادى) بعجلتها وتعميق تبعيتها للاقتصاد الأمريكي.

التوصيات:

أما التوصيات التي تراها الدراسة مناسبة لتفعيل دور الدبلوماسية العربية في التعامل مع الأزمات بشكل عام والأزمة العراقية بشكل خاص فيمكن أن نجملها بما يلي:

1. إنشاء وحدات رصد وتحليل وقوع الأزمات في وزارات الخارجية للدول العربية بالتنسيق مع جامعة الدول العربية، وإيجاد آلية للتعاون والتنسيق فيما بينها، ودراسة تأثيرات المتغيرات والأحداث على العالم العربي.

2. التكاملية في الدبلوماسية العربية وتضامن الدول العربية للدفاع عن القضايا العربية وعن دولة عربية (العراق) أو موقف عربي معين من خلال مجالس السفراء العربي والمبعوثين الدبلوماسيين والزيارات الخاصة، وفي المؤتمرات الدولية.

3. وضع آليات لتفعيل العمل العربي المشترك للوصول إلى التوازن المطلوب بين الأطراف العربية المختلفة في التعامل مع الأزمة العراقية.

4. تحديد الأهداف التي تسعى الدول العربية إلى تحقيقها تجاه الأزمة العراقية، وإبرازها والدفاع عنها في المحافل الدولية من خلال التنسيق العربي - العربي.

5. تشجيع عمل المنظمات غير الحكومية (الدبلوماسية الشعبية) ومحاولة إشراكها بشكل مباشر وغير مباشر في تحديد الأهداف العربية من أجل تسويقها مع المنظمات غير الحكومية الدولية وإبراز دورها كدور مكمل للعمل الرسمي فيما يتعلق بالأزمة العراقية.

6. إيجاد صيغة لتحقيق التوازن بين المصلحة الوطنية والمصلحة القومية في معالجة حالة الضعف العربي والأزمة العراقية، مع التركيز على تقليل التناقضات بين المصلحتين.

7. تعزيز التضامن العربي وحل الخلافات العربية – العربية في إطار جامعة الدول العربية والحرص على أن يكون العرب في موقف المبادرة والفعل وليس في موقف رد الفعل ومعالجة ثغرات العمل العربي المشترك.

8. تحديث الخطاب الإعلامي العربي سياسياً وثقافياً ودينياً.

9. تفعيل دور البعثات الدبلوماسية العربية والمراكز الثقافية العربية في الغرب لنقل الصورة الحقيقية عن العرب والإسلام تجاه المواقف الدولية.

10. تفعيل العلاقات العربية مع الدول العظمى كروسيا والصين والاتحاد الأوروبي وتشجيع الأخير للعب دور أكبر في العملية السلمية في منطقة الشرق الأوسط.

11. العمل على تحسين العلاقات العربية مع دول الجوار الإقليمي وبالذات تركيا وإيران بمـا يخدم مصلحة الطرفين.

وأود أن أسجل في نهاية هذا الكتاب كلمة تدور حول أن الشعب العراقي العربي الشقيق الذي لم يتوانى في السـابق عـن دعـم الأمـة العربيـة وخاصـة قضـية الأمـة العربيـة (القضية الفلسطينية) ما يزال تحت الاحتلال الأمريكي الظالم حيث تشير جميع التصريحات الرسمية الأمريكية بأن الأمريكيين باقون حتى يحددوا الساعة المناسبة لانسـحابهم مـن العراق ولتلـك اللحظة أين يقع النظام العربي؟ وأين تقع الدبلوماسية العربية؟ وأين يوجـد الموقـف العربي الموحد؟ .

المراجـــع

أ-   المراجع باللغة العربية:

الأشهب، نعيم والحسيني، مـازن،2005، **مشروع الشرق الأوسـط الكبيـر أعلـى مراحـل التبعية**، ط1، دار الشروق للنشر والتوزيع، عمان.

أبو شبانه، ياسر، 1998، **النظام الدولي الجديد بين الـواقع الحالي والتصور الإسـلامي**، ط1، دار السلام.

أبو طالـب، حسن، 2003، إصـلاح الجامعة معضلة التـزام الـدول العربيـة، **مجلـة السياسـة الدولية**، العدد 53، ص 98- 100.

أبو عامود، محمود سعد، 2004، العلاقـات الأوروبية المتوسطية: رؤيـة   مستقبلية، **مجلـة السياسة الدولية**، العدد 157، ص 121.

احمد، حميد شهاب، 2005، **القمة والتطورات العربية**، جامعة بغداد.

الأحمدي، فهد عامر، 2004، التفاوض سلاح لم نستغله بعد، **مجلة الرياض**، الرياض، ص 1.

إدريـس، محمـد السـعيد،2003، مجلـس التعـاون الخليجـي خـبرة المـاضي وسـيناريوهات المستقبل، **مجلة السياسة الدولية**، العدد 152، ص 129.

الأذينـات، عمـار، 2007، مؤتمـرات القمـة العربيـة والموقـف الأردني مـن القضايا العربيـة (1990- 2004)، رسـالة ماجستير غـير منشورة، جامعة مؤتة ، الكرك.

إسماعيل، عصام، 2003، كيف تجاوز مجلس الأمن حدود اختصاصه لمصلحة الأمريكيين، جريدة السفير، لبنان، العدد الصادر بتاريخ (23-3) ص 12.

بريماكوف، افغيني، 2006، **العالم بعد 11 أيلول**، ط1، دار المدى للنشر، ترجمة أحمد الهاشم وفالح السوداني، سوريا.

بناصر، حنان، 2003، **النظام الإقليمي العربي بعد الحرب على العراق**: ضمن الندوة التي نظمها المجلس المصري للشؤون الخارجية حول قضايا إقليمية ودولية، مصر.

بيومي، عمرو رضا، 2000، **نزع أسلحة الدمار الشامل: دراسة للآثار القانونية والسياسية والإستراتيجية لحرب الخليج الثانية**، رسالة دكتوراه غير منشورة، جامعة عين شمس، مصر.

تشاوشينغ، لي، 2005، وزير خارجية الصين، **مقابلة في جريدة الأهرام المصرية**، العدد الصادر بتاريخ (22-10)، ص10.

تشومسكي، نعوم، 1991، **الضعفاء لن يرثوا شيئاً**، صحيفة الغارديان، لندن.

تقرير الاستثمار العالمي، 2008.

التقرير الاقتصادي العربي الموحد، 2007، عرض بدر محمد بدر.

تقرير وزارة الخارجية الأمريكية حول الإرهاب، الصادر بداية شهر ايار2002.

توفيق، سعد حقي،2003، علاقات العرب الدولية في مطلع القرن **الحادي والعشرين**، ط1، دار وائل للنشر، عمان.

جاد، عماد، 2002، العلاقات الخليجية الأمريكية بعد الحادي عشر من سبتمبر، مركز الخليج للدراسات الإستراتيجية، **مجلة شؤون خليجية**، عدد 29، ص 2.

الجدم، يوسف، 2003، الحرب على العراق: الأسباب الأهداف والتوجيهات، **مجلة الدفاع العربي السعودية**، العدد5، ص 16-17.

جريدة السفير، 2003، لبنان، العدد الصادر بتاريخ (25-3)، ص14-16.

الجمال، احمد، 2003، **الدبلوماسية العربية في عالم متغير**، ط1، مركز دراسات الوحدة العربية، دار الخليج للنشر، بيروت .

جوفري، كيمب، 2004، **تحديات أوروبا الشرق أوسطية**، ترجمة شريف بدران، مركز الأهرام للدراسات الإستراتيجية، القاهرة.

جويلي، أحمد، 2008، **الاتحاد الأوروبي شريك اقتصادي مهم للعالم العربي**، القاهرة.

حتي، ناصيف، 1985، **النظرية في العلاقات الدولية**، ط1، دار الكتاب العربي، بيروت.

حتي، ناصيف، 2003، **دبلوماسية جامعة الدول العربية**: ضمن ندوة الدبلوماسية العربية في عالم متغير، ط1، مركز دراسات الوحدة العربية، دار الخليج للنشر والتوزيع، بيروت.

حتي، ناصيف، 1995، **الوطن العربي وتركيا في استراتيجيات القوى العظمى** " ضمن كتاب العلاقات العربية – التركية: حوار مستقبلي ""، مركز دراسات الوحدة العربية، بيروت.

حجازي، علي، 2005، **الدبلوماسية العربية ومفهوم خدمة المواطن العربي**

قنصلياً، ط1، توثيـق مركز القرار للاستشـارات، دار الأميــن للنشر والتوزيع، القاهرة.

حسن، غازي، 2002، **الدبلوماسية المعاصرة: دراسـة قانونية**، الدار العلمية الدولية، عمان .

الحسن، يوسف، 2005، **دبلوماسيات في مواجهة تحديات المستقبل**، مدير عام معهد الإمارات الدبلوماسي، الإمارات.

حماد، كمال، 2004، من حلف بغداد إلى الشرق الأوسط الكبير، **مجلـة شؤون الأوسط**، عـدد 115، ص 150.

الحمـد، جـواد، 2005، **اتجـاهات ومحـددات تطـوير العـلاقات الصينية – العربية (2005-20010)**: ضمـن نـدوة حـوار العـلاقات العـربية الصـينية، بكيـن 12-13/كانـون الأول /2005، مركز دراسات الشرق الأوسط، الأردن.

الحمش، منيـر،2004، **حـال الأمـة العـربية – المؤتمـر القومي الرابـع عشرـ** ط1، مركز دراسات الوحدة العربية، لبنان.

حمودة، كمـال، 2002، النـفط في السياسـة الخارجيـة الأمريكيـة، **مجلـة السياسـة الدوليـة**، مؤسسة الأهرام،القاهرة، مجلد 41، عدد 146، ص 50.

حنا، الياس، 2005، الاتحـاد الأوروبي: تـوازن القوى والشرق الأوسط، **مجلة شؤون عربية**، عدد 121، ص 38.

الحوات، محمد علي، 2002، **مفهـوم الشرق أوسطية وتأثيره على الأمـن القـومي العربي**، ط1، مكتبة مدبولي، القاهرة.

الحوراني، محمد، 2003، المجتمع المدني صيغة جديدة في تجاوز الدولة القطرية، **مجلة مؤتة للبحوث والدراسات**، المجلد 18، العدد3، ص 12- 16.

حيدري، نبيل، 1986، **تركيا: دراسة في السياسة الخارجية منذ 1945**، دار صبرا للطباعة والنشر، بيروت.

الدسوقي، أبو بكر، 2001، العراق والعقوبات الذكية، **مجلة السياسة الدولية**، العدد 145، ص 151-152.

الدوري، محمد، 2003، تعليق ضمن ندوة: **ضمن ندوة الدبلوماسية العربية في عالم متغير**، ط1، مركز دراسات الوحدة العربية، دار الخليج للنشر والتوزيع، بيروت.

دهبي، عبد الحق، 2006، وسائل تسوية المنازعات في إطار جامعة الدول العربية، **مجلة الحوار المتمدن**، العدد 1435، ص 3.

الرشدان، عبد الفتاح والموسى، محمد، 2005، **أصول العلاقات الدبلوماسية والقنصلية**، ط1، المركز العلمي للدراسات السياسية، عمان.

الرشدان، عبد الفتاح علي، 1997، الأزمة الراهنة للأمن القومي العربي في التسعينات، **مجلة شؤون عربية**، العدد 91، ص 80-91.

الرشدان، عبد الفتاح، 1998، الأمم المتحدة والتطورات الجديدة في النظام الدولي، **مجلة الدراسات الدبلوماسية**، العدد 13، ص 107.

رشيد، أمينة، 2008، أولويات السياسة الخارجية الأمريكية بعد أحداث الحادي عشر من أيلول 2001، **مجلة الجماهير**، حلب، ص1.

الرشيدي، أحمد حسن، 2003، العراق والشرعية الدولية، **مجلة السياسة الدولية**، العدد 151، ص 116-117.

رفعت، سعيد، 2006، أمريكا وتحولات أوروبية جديدة في المنطقة، **مجلة شؤون عربية**، العدد 125، ص 9.

زهران، جمال، 2001، **أزمات النظام العربي وآليات المواجهة**، ط1، دار الشروق، القاهرة.

زهران، منير، 2002، الأمم المتحدة والتحديات الدولية المعاصرة، **مجلة السياسة الدولية**، العدد 156، ص 24-25.

زير، رمضان، 1989، **العلاقات الدولية في السلم**، ط1، الدار الجماهيرية للنشر، مكان النشر: (د:م).

سري، محمد فؤاد، 2003، **أمين عام جامعة الدول العربية يشيد بالعلاقات بين الصين وجامعة الدول العربية**، صحيفة الشعب اليومية، بكين، ص3.

سلامة، غسان،2003، **الدبلوماسية العربية، تجاه الحرب على العراق**: ضمن ندوة الدبلوماسية العربية في عالم متغير، ط1، مركز دراسات الوحدة العربية، دار الخليج للنشر والتوزيع، بيروت.

سلمان، عبد الملك، 2004، **العرب والأزمة المباغتة في العلاقات التركية – الإسرائيلية**، صحيفة أخبار الخليج البحرينية، ص4.

سليمان، معتصم، 2008، **العلاقة المتبادلة بين القطاع الخاص والتكامل الاقتصادي العربي**، المنتدى العربي، المغرب.

سليم، محمد السيد، 2005، **المصـالح العربية مع الولايات المتحدة الأمريكية:** ضمن ندوة تطـوير الأداء الدبلـوماسي العربي في مواجهة المتغيـرات العالمية، توثيـق مركـز القرار للاستشارات، دار الأمين للنشر، القاهرة .

سليم، محمد السيد، 2003، نحو بنـاء منـدى عـربي - صـيني للتعـاون، **مجلـة الصـين اليـوم**، العدد 4، ص 6.

سيمونز، جيف، 2003، **استهداف العراق أمريكياً**، مركـز دراسات الوحدة العربية، بيروت.

شـرف، أحمـد، 1992، **مسيــرة النظـام الدولي الجديد: قبل وبعد حرب الخلـيج**، دار الثقافـة الجديدة للنشر، القاهرة.

الشريـف، حسـن،2004، النظـام العـربي في مطلع القـرن الحــادي والعشــرين فــي ضــوء التحـولات الـدولـية، **مجلـة المستقبل العـربي**، العدد 304، ص 25-52.

صواش، نـوزات، 2002، **ضـرب العــراق... تـركيا لا تحبذ ولكنها تستعد**، اسطنبول.

عبد الباسط، مصطفى، 2005، **استراتجيات التفـاوض وأدوات نجاحـه:** ضمـن نــدوة تطــوير الأداء الدبلــوماسي العربــي في مواجهــة المتغـيرات العــالمية، تــوثيق مركــز القــرار للاستشارات، دار الأمين للنشر، القاهرة.

عبد الحميد، عاطف معتمد، 2004، **الموقف الروسي مـن احـتلال العـراق: عـام مـن التغيـر**، صحيفة الجزيرة، السعودية، العدد الصـادر بتاريخ (3-10) ص 2-5 .

عبد العـال، محمد شـوقي، 2001، **الجـامعة العربيـة بيـن الـواقـع والطمـوح**، جامعـة القاهرة، القاهرة.

عبد الفضيل، محمـود، 2004، **الاقتصـاد ودوره في النهوض العربي في عالمنا المعاصر**، مراجعـة طاهر كنعان، مكتبة الشروق، القاهرة.

عبد المجيد، وحيد، 2003، الحرب الأمريكية على العراق، **مجلة السياسة الدولية**، العـدد 152، ص 50- 52.

العدوان، طـاهر، 2008، **العـلاقات العربية – العربية**، جريـدة العـرب اليـوم، العـدد 4127، ص 15.

العزام، عبد المجيد علي و الهزايمة، محمد، 2004، تحديات النظام الإقليمـي العربي مـن منظور مـدرسي العلـوم السياسية في الجامعات الأردنيـة، **مجلـة دراسـات العلـوم الإنسانية والاجتماعية**، مجلـد31، العدد1، ص 25.

العطار، علي، 2004، **العولمة والنظام العالمي الجديد**، دار العلوم العربية للنشر، بيروت.

العطية، عبد الرحمن بن محمد، 2003، **دبلـوماسيات في مـواجهة تحديـات المستقبـل** : ضـمن نـدوة الدبلـوماسية العربية في عالـم متغير، ط1، مركز دراسات الوحـدة العربية، دار الخليج للنشـر والتوزيع، بيروت.

علي، عبد المجيد علي، 2003، **الحرب على العراق: رؤية توراتية يهودية**، ط1، دار أسامة للنشر والتوزيع، عمان.

عليــوة، الســيد وآخــرون، 2005، **تطــوير الأداء الدبلومـاسي العــربي في مواجهــة المتغـيرات العالمية**، توثيق مركز القرار للاستشارات، دار الأمين للنشر، القاهرة .

فرسون، سميح، 2004، **العرب والعالم بعد 11 أيلول**، ط2، مركـز دراسـات الوحدة العربيـة، بيروت.

قرار المجلس الاقتصادي والاجتماعي، رقم 1317 تاريخ 1997/12/19.

الكحيمي، صـالح بن عبد العزيز، 2005، **النظــام العربي ونشأة جامعة الدول العربية**، مدير إدارة الوحدة العربية، السعودية.

كيالي، ماجد، 2003، **المعركة على تغيير الشرق الأوسط: التقاطع الإسرائيلي الأمريكي في استهداف سوريا**، شبكة الإعلام العربي، أبو ظبي.

الكيلاني، هيثم، 1998، **مفهوم الأمن القومي العربي**، مركز الدراسات العربي الأوروبي.

لوتـاه، مريم سلطـان، 2003، **الدبلــوماسية العربيـة في عالم متغير**، ط1، مـركز دراسـات الوحدة العربية، دار الخليج للنشر والتوزيع، بيروت.

متيكيس، هـدى، 1996، النظام الدولي الجديد والواقع العربي، **مجلـة شـؤون عربيـة**، العـدد 88، ص 31.

مجلة الفداء، 2007، مؤسسة الوحدة للصحافة والنشر، حماة، ص1.

محفوظ، محمد، 2004، **العرب ومتغيرات العراق**، ط1، مؤسسة الانتشار العربي.

مركـز الأهـرام، 2001، **التقـرير الاستراتيجـي العربـي 2000- 2001**، مركز الدراسات السياسية الإستراتيجية، القاهرة.

مركز الأهـرام،2003، **التقـرير الاستـراتيجـي العربـي 2002-2003**، مركـز الدراسات السياسية الإستراتيجية، القاهرة.

مسلم، طلعت، 2003، الحـرب الأمريكية على العراق، **مجـلة دراسات الشرق الأوسط**، العدد 23، ص 94.

مشروع جامعة الدول العربية حول الأمن القومي العربي، 1997.

مصالحة، 1984، مسألة الأمن العربي بـين المفـاهيم، الواقع، النصوص، **مجلة شـؤون عربية**، العدد 35، ص 27.

مقصود، كلوفيس، 2003، **الدبلوماسية القومية**: ضمن ندوة الدبلوماسية العربية في عـالم متغير، ط1، مركز دراسات الوحـدة العربية، بيروت، دار الخليج للنشر والتوزيع، بيروت.

مكتب التحليلات الاقتصادية والاجتماعية، 2008، وزارة الخارجية الأمريكية.

منصور، أحمد،2005، **الصين مـن الناحية البشرية والعسكرية**، صحيفة الـوطن، الكويت، العدد الصادر بتاريخ (13- 6) ص 3.

المؤتمر القومي العربي السادس عشـر، 2005، **مجـلة المستقبل العربي**، الجزائر، العـدد 315، ص 206.

نافعة، حسن، 2005، **مفهوم الدبلوماسية العربية**، جامعة القاهرة، القاهرة.

نصر الله، عباس، 1999، **رؤية مستقبلة لإستراتيجية عسكرية لبنانية**، الأكاديمية العسكرية العليا، سوريا.

نعمان، عصام، 20003، **هل يتغير العرب؟**، ط1، شركة المطبوعات للتوزيع والنشر، لبنان.

النملة، صالح بن محمد، 2005، **العالم العربي في السياسة الدولية**، ط1، مؤسسة اليمامة الصحفية للنشر، الرياض.

نوفل، ميشال، 2006، التقارب الأمريكي – الأوروبي: تقارب ظرفي على قضايا المنطقة، **مجلة شؤون عربية**، العدد 125، ص 91.

هلال، علي الدين، 1986، **تحديات الأمن القومي العربي في العقد القادم**، تقديم أحمد بهاء، منتدى الفكر العربي، عمان.

هلال، علي الدين،1984، الأمن القومي العربي: دراسة في الأصول، **مجلة شؤون عربية**، العدد 35، ص 21.

هلال، علي الدين و قرني، بهجت،1994، **السياسات الخارجية للدول العربية**، ترجمة جابر سعيد عوض، جامعة القاهرة، القاهرة.

هلال، علي الدين و مسعد، نفين،2000، النظم السياسية العربية المعاصرة: **قضايا الاستمرار**، ط1، مركز دراسات الوحدة العربية، بيروت.

يحيى، أنيس حسن، **تعليق ضمن: ندوة الدبلوماسية العربية في عالم متغير**، ط1، مركز دراسات الوحدة العربية، دار الخليج للنشر والتوزيع، بيروت.

الرشيدي، أحمد حسن، 2003، النظام العربي وجامعة الدول العربية في ظل الأزمة الأمريكية العراقية، **مجلة إسلام أون لاين**.

شحته، السيد، 2008، العلاقات العربية – العربية في انتظار التطبيع، **مجلة إسلام أون لاين. نت.**

محمود، أحمد إبراهيم، 2002، القضايا الأمنية في القمة العربية، **مجلة إسلام أون لاين. نت.**

ب- مراجع الانترنت باللغة الأجنبية:

.

www.arabic.peopledaity.com.cn.18-8-2005

www.alarabia.net.2007

www.aljazera.net.2008

www.almada.paper.com.2004

www.beirut.centerinf/default.asp.2008

www.binetjbel.com.16-10-2002

www. Islam.onlin.net.2002

www.guraf.org.2003

www.qudway.com. 2007

www.sis.gov.arab.2008

www.swissinfo.cn.2-2-2001

www.thisissysyria.net.27-11- 2006

www.xinhuant.com.15-10-2006

ج- المراجع باللغة الأجنبية:

. East, Maurice, A, (1979),**The international system** , perspective and policy

Kaplan, Morton, A, (1962), **system and process in international politics**. N.1
john Wiley and sons.

. Powl, Colin, (2005), **No country is left behind**, Foreign policy,NO 160,pp 264

Putin , V, (2000), **The Foreign policy concept of Russia Federation** , June
28, strategic, digest.

ملحق (أ)

مؤتمرات القمة العربية وبياناتها الخاصة بتطورات الأزمة العراقية ما بين العام 2001- 2007م.

* مؤتمرات القمة العربية وبياناتها الخاصة بتطورات الأزمة العراقية ما بين العام 2001-
2007م:

* مؤتمر القمة الثالث عشر " عمان 2001 "

إن مجلس جامعة الدول العربية على مستوى القمة

الدورة العادية (13)

عمان: 27 ـ 28 مارس 2001

يقرر

- تكليف الملك عبد الله بوصفه رئيس الدورة الحالية للقمة بإجراء المشاورات اللازمة لبحث

الحالة بين العراق و الكويت.

الدعوة إلى رفع العقوبـات عـن العـراق، والتعـاون مـع المسـائل الإنسـانية المتعلقـة بـالأسرى
والمفقودين الكويتيين والمفقودين العراقيين وغيرهم انطلاقاً من مبادئ تراثنا القومي والـديني
والإنساني.

* مؤتمر القمة الرابع عشر بيروت 2002

إن مجلس الجامعة على مستوى القمة.

بعد التداول في موضوع الحالة بين العراق والكويت.

يقرر

1- يرحب القادة بتأكيدات جمهورية العراق على احترام استقلال وسيادة وأمن دولة الكويت وضمان سلامة ووحدة أراضيها بما يؤدي إلى تجنب كل ما من شأنه تكرار ما حدث في عام 1990 ويدعون إلى تبني سياسات تؤدي إلى ضمان ذلك في إطار من النوايا الحسنة وعلاقات حسن الجوار. وفي هذا الإطار يدعو القادة إلى أهمية وقف الحملات الإعلامية والتصريحات السلبية تمهيدا لخلق أجواء إيجابية تطمئن البلدين بالتمسك بمبادئ حسن الجوار وعدم التدخل في الشؤون الداخلية.

2- ويطالب القادة باحترام استقلال وسيادة العراق وأمنه ووحدة أراضيه وسلامته الإقليمية.

3- كما يطالبون العراق بالتعاون لإيجاد حل سريع ونهائي لقضية الأسرى والمرتهنين الكويتيين وإعادة الممتلكات وفقاً لقرارات الشرعية الدولية ذات الصلة وتعاون الكويت فيما يقدمه العراق عن مفقوديه من خلال اللجنة الدولية للصليب الأحمر.

4- ويرحب القادة باستئناف الحوار بين العراق والأمم المتحدة الذي بدأ في جو إيجابي وبناء استكمالا لتنفيذ قرارات مجلس الأمن ذات الصلة.

5- ويطالبون برفع العقوبات عن العراق وإنهاء معاناة شعبه الشقيق بما يؤمن الاستقرار والأمن في المنطقة.

6- تدارس القادة التهديد بالعدوان على بعض الدول العربية وبصورة خاصة العراق وأكدوا رفضهم المطلق ضرب العراق أو تهديد أمن وسلامة أية دولة عربية باعتباره تهديداً للأمن القومي لجميع الدول العربية.

2002/3/28

*** مؤتمر القمة الخامس عشر " شرم الشيخ 2003 "**

قرارات مجلس جامعة الدول العربية، على مستوى القمة

الدورة العادية (15).

شرم الشيخ: 28 ذو الحجة 1423هـ الموافق 1 مارس 2003

إن مجلس الجامعة على مستوى القمة.

1. بعد أن ناقش الوضع الخطير المتعلق بتطورات الأزمة العراقية.

2. وإذ يؤكد قراره الصادر في قمة بيروت رقم 227 الذي أكد الرفض المطلق لضرب العراق أو تهديد أمن وسلامة أية دولة عربية.

3. وإذ يعبر مجدداً عن ترحيبه بالتأكيدات التي قُدمت للجمهورية العربية السورية، العضو العربي في مجلس الأمن، إزاء القرار1441 (2002)، وبأن هذا القرار لا يشكل ذريعة لشن حرب على العراق ولا يتضمن التلقائية للجوء للعمل العسكري، وذلك تعبيراً عن الموقف العربي المؤيد للشرعية الدولية المتمثلة في مجلس الأمن وبمهمة التفتيش عن أسلحة الدمار الشامل في العراق.

4. وإذ يجدد الترحيب بموافقة حكومة العراق على عودة المفتشين وضمان حرية حركتهم بالكامل، وتمكينهم من أداء مهمتهم المكلفين بها من قبل مجلس الأمن بأقصى درجة من الفعالية والموضوعية.

5. وإذ يشيد بالمواقف العالمية المعارضة لاستخدام القوة ضد العراق، باعتبار أن الحرب ستؤدي بتداعياتها الخطيرة إلى عدم الاستقرار في المنطقة وفي العالم.

6. وفي ضوء ما تقوم به الدبلوماسية العربية من اتصالات مكثفة مع الدول الأعضاء في مجلس الأمن وعلى الساحة الدولية ومع جمهورية العراق لضمان تجنب اندلاع حرب في المنطقة، وتحقيق أقصى تعاون بالنسبة لعملية التفتيش تنفيذاً لقرار مجلس الأمن رقم 1441 (2002).

7. وإذ يأخذ علماً بالتقارير التي قدمها رئيسا فريقي التفتيش عن أسلحة الدمار الشامل في العراق إلى مجلس الأمن، وخصوصاً التقارير المقدمة في 14 فبراير 2003 والتي أشارت إلى التقدم الذي تم إحرازه من خلال تعاون العراق مع المفتشين.

8. وانطلاقاً من مسئولية مجلس الأمن في الحفاظ على السلم والأمن الدوليين، وإيمانه بوجوب اضطلاع المجلس بدوره في معالجة الأزمة العراقية بكل جوانبها، تنفيذاً لقرارات مجلس الأمن ذات الصلة والمحافظة على سيادة العراق واستقلاله ووحدة وسلامة أراضيه ورفع العقوبات عنه.

9. وفي ضوء المخاطر الجمة والتداعيات السلبية التي تحيط بأي عمل عسكري ضد العراق وشعبه والمحاولات الإسرائيلية لاستغلالها في تنفيذ مخططاتها الرامية إلى تفريغ الأراضي الفلسطينية المحتلة من سكانها، وإقامة المستوطنات الإسرائيلية فيها، وزيادة معاناة الشعب الفلسطيني.

يقرر

1. تأكيد الرفض المطلـق لضرب العراق، أو تهديد أمـن وسلامة أي دولـة عربيـة، باعتبـاره تهديـداً للأمن القومي العربي وضرورة حل الأزمة العراقية بالطرق السلمية في إطار الشرعية الدولية.

2. دعوة كافة الدول لمساندة الجهود العربية الهادفة إلى تجنب الحرب، وأن ذلك يتحقق مـن خلال استكمال تنفيذ العراق لقرار مجلس الأمن رقم 1441 (2002).

3. المطالبة بإعطاء فرق التفتيش المهلة الكافية لإتمام مهمتها في العراق ودعوتها إلى مواصـلة توخي الموضوعية في استكمال هذه المهمة.

4. التأكيد على مسؤولية مجلس الأمن في عدم المساس بالعراق وشعبه، وفي الحفاظ علـى استقلاله وسلامة ووحدة أراضيه، والتأكيد على ضمان أمن دول الجوار العراقي وسيادتها وسلامة أراضيها.

5. التأكيد على امتناع دولهم عن المشاركة في أي عمل عسكري يستهدف أمن وسلامة ووحـدة أراضي العراق وأي دولة عربية.

6. الإعراب مجـدداً عن التضامن مـع الشـعب العراقي الـذي عـانى لسـنوات طويلـة، وبـأن الوقت حان لرفع العقوبات عـن العـراق في إطـار تنفيـذ قرارات مجلـس الأمـن ذات الصـلة ولاسيما القرار 687 (1991).

7. قيام مملكة البحرين بتشكيل لجنـة رئاسية بالتشـاور مـع الـدول الأعضـاء تضـم الرئاسـة السابقة والحالية والقادمة والأمين العام للجامعة بالإضافة إلى الدول الراغبة في الانضمام إليها، وذلك للقيام بالاتصال مع الأطراف الدولية المعنية ولعرض الموقف العربي عليها وخاصة الدول دائمة العضوية في مجلس الأمن،

وكذلك التشاور مع الحكومة العراقية في إطار قرارات القمم العربية حول العراق الشقيق، وذلك لبحث سبل مواجهة التحديات الخطيرة التي يواجهها العراق وما يتهدد الدول العربية من مخاطر واحتمالات.

8. إن شؤون الوطن العربي وتطوير نظمه أمر تقرره شعوب المنطقة، بما يتفق مع مصالحها الوطنية والقومية، بعيداً عن أي تدخل خارجي، وفي هذا الإطار يستنكر القادة ما يتردد من محاولات رامية إلى فرض تغييرات على المنطقة، أو التدخل في شؤونها الداخلية وتجاهل مصالحها وقضاياها العادلة.

9. اعتبار نزع أسلحة الدمار الشامل في العراق جزء من نزع أسلحة الدمار الشامل في المنطقة بما في ذلك إسرائيل، طبقاً للفقرة 14 من قرار مجلس الأمن رقم 687 (1991).

10. الاستمرار في المتابعة الدقيقة لتطورات المسألة العراقية.

(2003/3/1)

* مؤتمر القمة السادس عشر " تونس 2004"
أن مجلس الجامعة على مستوى القمة.

بعد إطلاعه:

على قرار مجلس الجامعة على المستوى الوزاري رقم 6377 المتخذ بدورته العادية (121) بتاريخ 2004/3/4، والخاص بإعلان مجلس الحكم في العراق إقرار قانون إدارة الدولة للمرحلة الانتقالية.

وعلى تقرير الأمين العام الذي تناول مختلف مجالات العمل العربي المشترك، والتقرير الخاص بزيارة وفد الأمانة العامة لجامعة الدول العربية إلى العراق في الفترة 18- .2003/12/30

وبعد استماعه إلى العرض الـذي قدمـه رئيس وفد جمهوريـة العراق، وبعـد المـداولات المعمقة التي أجراها المجلس.

يقرر

1- التأكيد على وحدة الأراضي العراقية واحترام سيادة العراق واستقلاله، ووحدتـه الوطنيـة، والالتزام بمبدأ عدم التدخل في شؤونه الداخلية، ودعـوة الأطـراف الأخـرى لإتبـاع الـنهج ذاتـه والتأكيد على حق الشعب العراقي في تقرير مستقبله بحرية.

2- دعوة مجلس الأمن الدولي إلى اتخاذ الإجراءات اللازمـة لإنهـاء الاحـتلال وانسـحاب قـوات الاحتلال من العراق في أقرب وقت ؛ والأخذ في الاعتبار أهمية استقرار العراق واستتباب الأمن في كافة أرجائه، ومساعدة الشعب العراقي على استعادة السيادة الكاملة على أرضه.

3- مساعدة العراق للوقوف في وجـه كـل المحـاولات الراميـة إلى زرع بـذور الفتنـة الطائفيـة والفرقة والخلافات الداخلية وتقديم كافة المساعدات اللازمة إلى العراق في مختلف الجوانـب السياسية والاقتصادية وغيرها، ودعوة الدول المجاورة للعراق لمساعدته على تحقيق ذلك.

4- تكليف جامعة الدول العربية بتعزيز التعاون مع الجهات العراقية ومع الأمم المتحدة مـن أجل تيسير انتقال السلطة والسيادة إلى الشعب العراقي وإنهاء الاحـتلال ؛ والترحيب في هذا السياق بمهمة وفد الأمانة العامة إلى العراق في ديسمبر/كانون أول 2003، والتأكيد على الدور المتواصل للجامعة في دعم ومساندة الشعب العراقي في كافة المجالات.

5- التأكيد على ضرورة اضطلاع الأمم المتحدة بدور مركزي فعال في العملية السياسية وبناء مؤسسات الدولة بما في ذلك الإعداد للانتخابات وصياغة الدستور الدائم وتشكيل الحكومة الشرعية المنتخبة، وكذلك في جهود عملية إعادة اعمار العراق، وذلك بالتنسيق والتعاون مع جامعة الدول العربية.

6- الإدانة الشديدة للجرائم والممارسات اللإنسانية و اللأخلاقية التي ارتكبها جنود قوات التحالف ضد أفراد الشعب العراقي وخاصة في السجون والمعتقلات، والتي تشكل خرقاً سافراً لحقوق الإنسان ولكافة المواثيق والمعاهدات الدولية، والمطالبة بإحالة مرتكبي هذه الجرائم والمسؤولين عنها إلى المحاكمة لمعاقبتهم على هذه الجرائم البشعة.

7- إدانة التفجيرات الإرهابية الأخيرة التي حدثت في العراق وأودت بحياة المئات من الأبرياء من الشعب العراقي، وتأكيد إدانته لجميع الأعمال الإرهابية التي تستهدف المدنيين ورجال الأمن والشرطة العراقية والمؤسسات الإنسانية والدينية والمنظمات الدولية والبعثات الدبلوماسية العاملة في العراق، وضرورة الكشف عن مرتكبيها وتحميلهم مسؤولية جرائمهم.

8- إدانة الجرائم المرتكبة بحق الشعب العراقي وضد الإنسانية من قبل أعضاء النظام العراقي السابق، وإحالة مرتكبي هذه الجرائم إلى محكمة عراقية وفق القانون العراقي، وعدم توفير ملاذ آمن لهم مع إبقاء الباب مفتوحاً لإعطاء المحكمة بعداً دولياً.

8- إدانة الانتهاكات الخطيرة لحقوق الإنسان التي تمت أثناء احتلال دولة الكويت، وطمس الحقائق المتعلقة بالأسرى والمفقودين الكويتيين ورعايا دول ثالثة، الذين تم العثور على عدد من رفاتهم قتلى في المقابر الجماعية،

والإعراب عن عميق التعازي لأسر الضحايا الذين جرى التعرف على رفاتهم والقلق لمحنة أولئك الذين لا يزال مكان وجودهم مجهولاً، والمطالبة ببذل كافة الجهود من أجل كشف مصير جميع الرعايا الكويتيين والرعايا التابعين لدول ثالثة.

10- دعوة الدول العربية والصناديق والمؤسسات المالية العربية إلى الإسراع في تقديم مساعداتها في إعادة اعمار العراق.

11- تكليف مملكة البحرين (الرئاسة السابقة للقمة) والجمهورية التونسية (الرئاسة الحالية للقمة) والجمهورية الجزائرية الديمقراطية الشعبية (الرئاسة القادمة للقمة) والأمين العام للجامعة، بالتشاور مع الدول العربية المعنية إجراء الاتصالات اللازمة لتنفيذ ما ورد في هذا القرار وما يستجد بشأنه من تطورات وتقديم تقارير إلى مجلس الجامعة في هذا الشأن.

(2004/5/23)

* مؤتمر القمة السابع عشر "" الجزائر 2005""

إن مجلس الجامعة على مستوى القمة.

بعد إطلاعه:

على مذكرة الأمانة العامة.

وعلى تقرير الأمين العام عن العمل العربي المشترك.

وعلى نتائج أعمال لجنة الترويكا العربية.

- واستنادًا لقرار قمة تونس رقم 264 بتاريخ 2004/5/23.

- وإذ يؤكد على قرارات مجلس الجامعة على المستوى الوزاري ذات الأرقام 6324 و
6325 في 2003/9/9 الدورة العادية (120) و 6377 الدورة العادية (121) و 6437 الدورة
العادية (122) و 6494 الدورة العادية (123) بتاريخ 2005/3/3.

- وإذ يرحب بالتوصيات التي صدرت عن المؤتمر الدولي الذي عقد بدعوة من جمهورية
مصر العربية في مدينة شرم الشيخ يومي 22 و 2004/11/23 بشأن العراق.

- وبعد استماعه للعرض الذي قدمه السيد رئيس وفد جمهورية العراق.

- وبعد المداولات التي أجراها المجلس.

يقرر

1- إعادة التأكيد على احترام وحدة وسيادة العراق واستقلاله وعدم التدخل في شؤونه الداخلية، واحترام إرادة الشعب العراقي وخياراته في تقرير مستقبله بنفسه، والتي عبر عنها بالانتخابات التي جرت مؤخرًا.

2- الترحيب بالعملية الانتخابية التي جرت في العراق بتاريخ 30 يناير/ كانون ثاني 2005، ويعتبرها إنجازًا كبيرًا للشعب العراقي على طريق الانتقال السلمي والديمقراطي للسلطة، وخطوة أساسية على طريق استكمال العملية السياسية لإقامة نظام دستوري ديمقراطي في العراق، وتقدير الجهود التي بذلتها الحكومة العراقية في هذا الخصوص.

3- التأكيد على ضرورة مشاركة جميع أطياف الشعب العراقي في العملية السياسية الجارية في العراق، وخاصة كتابة الدستور الدائم على قاعدة التوافق الوطني، وإجراء الاستفتاء الشعبي عليه والمشاركة في الانتخابات التشريعية القادمة في ديسمبر / كانون أول 2005، كما يدعو إلى دعم الحكومة العراقية الانتقالية التي ستنبثق عن الجمعية الوطنية – في مكافحة الإرهاب والعنف واستتباب الأمن والاستقرار في البلاد.

4- الترحيب بكافة المبادرات وبخاصة مبادرة الحكومة العراقية والرامية إلى إجراء حوار وطني شامل، وحث كافة القوى السياسية وأطياف ومكونات الشعب العراقي على المشاركة في إنجاح هذا الحوار.

5- الترحيب بالدور الذي قامت به الأمم المتحدة في مساندة العملية الانتخابية في العراق، والتأكيد على أهمية اضطلاعها بدور مركزي في استكمال العملية السياسية وفي جهود إعادة الإعمار.

6- التأكيد على أهمية تعزيز دور الجامعة العربية في العراق كونه عضوًا مؤسسًا فيها، ومواصلة التعاون والتنسيق مع الأمم المتحدة لتقديم كافة أشكال المساعدات للعراق في مختلف المجالات، وخاصة في العملية السياسية وإعادة الإعمار.

7- التأكيد على أهمية التواجد العربي في العراق، بما في ذلك إعادة العلاقات الدبلوماسية مع العراق إلى مستواها الطبيعي دعمًا للجهد السياسي الذي تبذله الحكومة العراقية الانتقالية في هذا المجال.

8- دعوة جميع المؤسسات الحكومية وغير الحكومية والصناديق والمؤسسات المالية للمساهمة الفعالة والنشطة في إعادة إعمار العراق.

9- إدانة كافة أعمال الإرهاب والعنف في العراق التي تستهدف المدنيين ورجال الأمن والشرطة والقوات المسلحة العراقية وكذلك المؤسسات الإنسانية والدينية والمدنية، وأعمال الخطف التي تطال العاملين في الشركات والمنظمات الدولية والإنسانية العاملة في العراق والتي تساهم في إعمار البلاد وتقديم العون للشعب العراقي، وكذلك إدانة الأعمال الإرهابية ضد الدبلوماسيين والصحفيين.

10- إدانة الانتهاكات الخطيرة لحقوق الإنسان التي تمت أثناء احتلال دولة الكويت، وطمس الحقائق المتعلقة بالأسرى والمفقودين الكويتيين ورعايا الدول الأخرى الذين تم العثور على عدد من رفاتهم قتلى في المقابر الجماعية، والإعراب عن عميق التعازي لأسر الضحايا الذين جرى التعرف على رفاتهم والقلق لمحنة أولئك الذين لا يزال مكان وجودهم مجهولاً، والمطالبة ببذل كافة

الجهود من أجل كشف مصير جميع المفقودين والأسرى الكويتيين والتابعين لدول أخرى.

11- تقديم المساعدة في المجالات المختلفة لتمكين جمهورية العراق من إنجاز العملية السياسية، وإعداد الدستور وفي تدريب وتأهيل الكوادر العراقية بضمنها تدريب الشرطة والقوات المسلحة، بما يؤدي إلى الإسراع في تأهيلها لاستلام مهامها في عموم البلاد، وتمكين الحكومة العراقية من إنهاء الوجود العسكري الأجنبي وفقًا لقرار مجلس الأمن رقم 1546 (2004) وقرار قمة تونس رقم 264 (2004).

12- الترحيب بالالتزامات التي اتخذتها الدول الدائنة للعراق، بما في ذلك أعضاء نادي باريس في تخفيض 80% من الديون المستحقة عليه، ودعوة هذه الدول لاتخاذ خطوات عملية لمواصلة خفض هذه الديون، وحث الدول العربية الدائنة للعراق أن تعجّل في إلغاء ديونها أو تخفيضها، تماشيًا مع قرار نادي باريس، كمساهمة فعالة في دعم الاقتصاد العراقي ومساعدته في النهوض ببرامجه التنموية لصالح الشعب العراقي وازدهاره.

(2005/3/23)

* مؤتمر القمة الثامن عشر "" الخرطوم 2006 ""

إن مجلس الجامعة على مستوى القمة.

بعد اطلاعه:

على مذكرة الأمانة العامة.

وعلى تقرير الأمين العام عن العمل العربي المشترك، وتقريـره حول الوضع في العراق.

وعلى قراراته السابقة في هذا الشأن وأخرها قرار قمة الجزائر د.ع (17) رقم 299 بتاريخ
2005/3/23.

وفي ضوء نتـائج اجتماع اللجنة الـوزارية الخـاصة بالعـراق بتـاريخ 2006/3/25 وبعد
الاستماع إلى العرض الذي قدمه رئيس وفد جمهورية العراق.

وبعد المداولات التي أجراها المجلس.

يقـرر

1- إعادة التأكيـد علـى احـترام وحـدة وسـيادة العـراق واستقلاله وعـدم التـدخل في شـؤونه
الداخلية، واحترام إرادة الشعب العراقي وخياراته في تقرير مستقبله بنفسه.

2- التأكيد مجدداً على ضـرورة التـزام الدول العربية بوضع الفقـرات   (7، 8، 11، 12) من
قرار قمة الجزائر د.ع (17) رقم 229 بتاريخ 2005/3/23 الخاص بتطورات الوضـع في العـراق
موضع التنفيذ الكامل وبما يعبر عن التضامن العربي الأخوي مع العراق باعتبـاره دولـة عضـو
مؤسس لجامعة الدول العربية.

3- الترحيب بالانتخابات التي جرت في 15 ديسمبر/ كانون الأول 2005، والتي تميزت بمشاركة واسعة من قبل مختلف مكونات الشعب العراقي واعتبارها خطوة أساسية على طريق توفير الأمن والاستقرار وبناء العراق وإعماره.

4- التأكيد على ضرورة الإسراع في تشكيل حكومة وحدة وطنية تسهم في تحقيق الأمن والاستقرار وتحفظ وحدة العراق شعباً وأرضاً وتمهد الطريق لخروج القوات الأجنبية من أراضيه.

5- التأكيد على الدور العربي في أي مشاورات حول مستقبل العراق، ودعم الدور الذي تقوم به الجامعة العربية لتحقيق الوفاق الوطني العراقي، وأن تكون أي مشاورات حول العراق هي لخدمة شعبه ومصالحه الوطنية، ودعوة اللجنة الوزارية الخاصة بالعراق إلى اجتماع عاجل يحدد موعده بعد انتهاء القمة لمتابعة التطورات الجارية في هذا الصدد.

6- الإشادة بالنتائج التي تمخض عنها الاجتماع التحضيري لمؤتمر الوفاق الوطني العراقي الذي عقد في مقر الأمانة العامة بالقاهرة خلال الفترة 19-2005/11/21 ودعوة كافة الأطراف المشاركة إلى تنفيذ الالتزامات التي نتجت عن هذا الاجتماع باعتبارها تشكل حجر أساس لبناء الثقة وترسيخ الوحدة الوطنية، والتأكيد على أهمية عقد مؤتمر الوفاق الوطني العراقي في شهر يونيو/ حزيران 2006.

7- دعوة الدول الأعضاء مجدداً لأن يكون لها حضور دبلوماسي في بغداد بأسرع وقت ممكن أسوة بالدول الأجنبية على أن تقوم الحكومة العراقية بتوفير

مستلزمات الحماية الكاملة لذلك، وضرورة القيام بمبادرات عربية سياسية وشعبية كالزيارات تعزيزاً للتواصل العربي مع العراق.

8- التنفيذ الفوري لقرار المجلس الوزاري د.ع (125) رقم 6615 بتاريخ 2006/3/4 الخاص بفتح بعثة لجامعة الدول العربية في بغداد وذلك تفعيلاً للدور العربي في العراق واعتماد مبلغ أولي بقيمة 2 مليون دولار أمريكي لتغطية النفقات الخاصة بفتح البعثة.

9- الترحيب بمبادرة المملكة الأردنية الهاشمية لاستضافة مؤتمر للقيادات والمرجعيات الدينية العراقية بالعاصمة عمّان، بالتنسيق مع الحكومة العراقية وجامعة الدول العربية، من أجل التوافق حول أنجع السبل الكفيلة بضمان وحدة وأمن واستقرار العراق.

10- التأكيد على أهمية مواصلة التعاون والتنسيق مع الأمم المتحدة في مختلف المجالات بما في ذلك الإعداد لمؤتمر الوفاق الوطني العراقي القادم.

11- الإدانة الشديدة للتفجير الإرهابي الشائن الذي استهدف مرقدي الإمامين علي الهادي والحسن العسكري في سامراء، وما تبعه من اعتداءات نكراء على عدد كبير من المساجد، ودور العبادة، وسقوط ضحايا أبرياء، والتأكيد على ضرورة احترام حرمة المساجد وقدسية أماكن العبادة لكافة الطوائف والأديان، ودعوة كافة أبناء الشعب العراقي بمختلف مكوناته وقياداته السياسية ومرجعياته الدينية إلى التصدي لأعمال العنف والإرهاب وضبط النفس وعدم السماح لهذه الأعمال الخبيثة النيل من وحدته الوطنية وأمنه واستقراره.

وتقديم الشكر لدولة الكويت على الدعم المالي الذي قدمته، وقدره عشرة ملايين دولار أمريكي، للمساهمة في إصلاح مرقدي الإمامين على الهادي والحسن العسكري ودور العبادة والمساجد التي تعرضت للتخريب، ودعوة الدول العربية إلى المساهمة في إعادة بناء المساجد ودور العبادة.

12- الإدانة الشديدة لما يقع في العراق من هجمات إرهابية ومداهمات وعمليات تدمير، وتقديم التعازي لكل ضحايا الإرهاب في العراق، واعتبار ذلك تهديداً للسلام والأمن كما جاء في قرار مجلس الأمن رقم 1618 (2005)، وإدانة كل ما يتعلق بالإرهاب من تحريض وتمويل والذي يستهدف الشعب العراقي، ودعوة الدول العربية كافة إلى إبداء التعاون الأخوي البناء من أجل تأمين الاستقرار في العراق وإعادة إعماره.

13- الإدانة مجدداً للانتهاكات الخطيرة لحقوق الإنسان التي تمت أثناء احتلال دولة الكويت، وطمس الحقائق المتعلقة بالأسرى والمفقودين الكويتيين ورعايا الدول الأخرى الذين تم العثور على عدد من رفاتهم قتلى في المقابر الجماعية، والإعراب عن عميق التعازي لأسر الضحايا الذين جرى التعرف على رفاتهم والقلق لمحنة أولئك الذين لا يزال مكان وجودهم مجهولاً، والمطالبة ببذل كافة الجهود من أجل كشف مصير جميع المفقودين والأسرى الكويتيين ورعايا الدول الأخرى.

14- التأكيد مجدداً على دعم جهود الحكومة العراقية وكافة الأطراف المعنية لتعزيز الاحتياطات الأمنية بالعراق وخاصة البعثات الدبلوماسية العربية والأجنبية، وتأمين حماية كافة المبعوثين الدبلوماسيين وممثلي الشركات والمؤسسات الإقليمية والدولية ورجال الأعمال بطريقة فاعلة يكون من شأنها

الحفاظ على الوجود الدبلوماسي العربي والأجنبي في العراق وتشجيع تنشيطه والتوسع فيه.

15- حث الدول العربية على إلغاء ديونها على العراق وكذلك الدول العربية المانحة الإيفاء بالتزاماتها المالية، والتأكيد على أهمية المساهمة الفعالة في إعادة إعمار العراق، ودعوة جميع المؤسسات الحكومية وغير الحكومية والصناديق والمؤسسات المالية العربية إلى الإسراع في تقديم الدعم والمساعدة في هذا المجال.

16- تثمين الجهود التي قام بها الأمين العام ومساعدوه في سبيل تعزيز التواصل مع كافة أبناء الشعب العراقي بمختلف مكوناته، والإعراب عن التقدير للدور الذي يقوم به ومبعوثه الخاص للعراق في سبيل إنجاح المبادرة العربية الرامية لعقد مؤتمر شامل للوفاق الوطني العراقي، والطلب من الأمين العام مواصلة هذه الجهود، واتخاذ الإجراءات اللازمة لعقد مؤتمر الوفاق الوطني العراقي القادم في موعده المحدد، بما في ذلك تنظيم اجتماعات تمهيدية تجمع مختلف القوى السياسية والدينية العراقية، وذلك بالتنسيق مع الحكومة العراقية وممثلي القوى السياسية العراقية.

(2006/3/29)

* مؤتمر القمة التاسع عشر " الرياض 2007"

إن مجلس الجامعة على مستوى القمة.

بعد اطلاعه:

على مذكرة الأمانة العامة.

وعلى تقرير الأمين العام عن العمل العربي المشترك.

وإذ يؤكـد عـلى قـرارات قمـة تـونس رقـم 264 د.ع (16) بتـاريخ 2004/5/23 وقمـة الجزائر رقم 299 د.ع (17) بتاريخ 2005/3/23، وقمـة الخرطـوم رقـم 340 د.ع (18) بتاريخ 2006/3/29.

وإذ يستذكر التوصيات الصـادرة عـن المؤتمرين الـدوليين بشـأن العراق واللـذين عُقـدا بشرم الشيخ (22 و 2004/11/23) وبروكسل   (2005/6/22).

وإذ يُشير إلى قرار مجلس الأمـن الـدولي رقـم 1618 لعـام 2005، والـذي يُـدين جميـع الأعمال الإرهابية في العراق.

وإذ ينوه بجهود اللجنة الوزارية الخاصة بالعراق والبيـان الصـادر عـن اللجنة بتـاريخ 2006/12/5، وبنتائج اجتماعات دول الجوار، وخاصة اجتماعات وزراء الخارجيـة واجتماعـات وزراء الداخلية، واجتماع بغداد في 2007/3/10، والتي أكـدت عـلى سيادة ووحدة العراق واستقلاله السياسي وعدم التدخل في شؤونه الداخلية، وكذلك ضرورة مساعدة العراق حكومةً وشعبًا من أجل استتباب الأمن والاستقرار فيه.

وإذ يُشيد بقرار وزراء خارجية منظمة المؤتمر الإسلامي بشأن الوضع في العراق المتخـذ في دورته الرابعة والثلاثين التي عُقدت في أذربيجان.

وبعد الاستماع إلى العرض الذي قدمه رئيس وفد جمهورية العراق.

يقرر

* التأكيد على أن التصور العربي للحل السياسي والأمني لما يواجهه العراق من تحديات يستند إلى العناصر الرئيسية التالية:

- احترام وحدة وسيادة واستقلال العراق وهويته العربية الإسلامية، ورفض أي دعاوى لتقسيمه، مع التأكيد على عدم التدخل في شؤونه الداخلية.

- أن تحقيق الاستقرار في العراق وتجاوز الأزمة الراهنة يتطلب حلاً امنياً وسياسياً متوازياً يعالج أسباب الأزمة ويقتلع جذور الفتنة الطائفية والإرهاب.

- تأكيد احترام إرادة الشعب العراقي بكافة مكوناته في تقرير مستقبله السياسي وإن تحقيق الأمن والاستقرار يقع على عاتق حكومة الوحدة الوطنية والمؤسسات الدستورية والقيادات السياسية العراقية وعلى دعم ومساندة الدول العربية ودول الجوار لكافة الجهود المبذولة لتحقيق المصالحة الوطنية ومن ضمنها جهود الحكومة العراقية وذلك لانجاز ما يلي:

1- العمل على توسيع العملية السياسية، بما يحقق مشاركة أوسع لمختلف مكونات الشعب العراقي.

2- مواجهة النعرات الطائفية والعمل على إزالتها نهائياً ونبذ الفئات التي تسعى لإشعال هذه الفتنة والتصدي لها، وعقد مؤتمر الوفاق العراقي الشامل في اقرب وقت ممكن ومناسب.

3- الإسراع في إجراء المراجعة الدستورية للمواد الخلافية في الدستور وبما يحقق الوفاق الوطني العراقي وفق الآليات المقررة والمتفق عليها.

4- مراجعة قانون هيئة اجتثاث البعث بما يعزز جهود المصالحة الوطنية.

5- التأكيد على المواطنة والمساواة فيها كأساس لبناء العراق الجديد.

6- الحرص على توزيع ثروة العراق بصورة عادلة على كل مناطق العراق وفئات الشعب العراقي كافة.

7- قيام الحكومة بحل مختلف الميليشيات في العراق والعمل على إنهاء المظاهر المسلحة العدوانية.

8- تسريع بناء وتأهيل القوات العسكرية والأمنية العراقية على أسس وطنية ومهنية وصولاً إلى خروج القوات الأجنبية كافة من العراق.

9- التأكيد على أهمية قيام دول الجوار للعراق بدور فاعل لمساعدته في تعزيز الأمن والاستقرار، وعدم التدخل في شؤونه الداخلية، والتصدي للإرهاب ووقف أعمال العنف التي تهدد وحدته أرضاً وشعباً، ودعم الجهود الرامية لتحقيق المصالحة والوفاق الوطني العراقي، وكذلك على أهمية التنسيق والتعاون بين أجهزتها الأمنية لتعزيز إجراءات ضبط الحدود ومنع المتسللين من عبور الحدود المشتركة مع العراق.

10- الإحاطة بالبيان الصادر عن اجتماع بغداد لدول الجوار والدول الدائمة العضوية في مجلس الأمن والمنظمات الإقليمية والدولية الذي عقد بتاريخ 2007/3/10.

11- الالتزام بوضع الفقرة (7) من قرار قمة الخرطوم رقم 340 (2006) موضع التنفيذ والاستجابة الفورية لمطلب العراق في إعادة فتح البعثات الدبلوماسية العربية في العراق، وتشجيع القيام بمبادرات عربية سياسية وشعبية، كالزيارات وتبادل الوفود لتعزيز التواصل العربي مع العراق.

12- الإدانة الشديدة للعمليات الإرهابية التي تستهدف الشعب العراقي ومؤسساته، واعتبارها تهديداً للسلام والأمن كما جاء في قرار مجلس الأمن رقم 1618 (2005) والترحيب بالخطوات الجادة التي تتخذها الحكومة العراقية في تنفيذ الخطة الأمنية لفرض القانون ومطاردة بؤر العنف والإرهاب ومصادر التهديد لأمن المواطنين والقبض على المسلحين القتلة من المنظمات الإرهابية وبقايا النظام السابق وفرق الموت ومن الميليشيات وعصابات الجريمة المنظمة، ودعم إجراءات الحكومة في سحب السلاح غير الشرعي وتوفير الخدمات وإعادة المهجرين إلى مناطقهم ومساكنهم وتحقيق برنامج المصالحة الوطنية.

13- دعم جهود الحكومة العراقية في إعادة بناء مؤسساتها الأمنية على أسس وطنية ومهنية والمشاركة العربية الفعالة في تلك الجهود من خلال تدريب قوات الجيش والشرطة العراقية، والمساهمة الفعالة في تأهيل الكوادر البشرية العراقية في مختلف المجالات.

14- الترحيب بالأهداف والمبادئ الأساسية التي تضمنتها وثيقة العهد الدولي مع العراق والتي تم اعتمادها رسمياً في الاجتماع الذي عقد في مقر الأمم المتحدة بتاريخ 16مارس/آذار 2007.

15- التأكيد على سرعة قيام الدول الأعضاء بإلغاء ديونها المترتبة على العراق ، تنفيذاً للفقرة (15) من قرار قمة الخرطوم رقم 340 د.ع (18) بتاريخ 2006/3/29.

16- الترحيب بقرار الأمين العام مواصلة عمل بعثة جامعة الدول العربية في العراق من أجل استمرار العمل والتواصل مع الحكومة والشعب

العراقي، والإسراع في تعيين سفير جديد لرئاستها، والتأكيد على أهمية مواصلة الجهود التي تقوم بها الجامعة العربية من أجل تحقيق الوفاق الوطني العراقي.

17- دعوة الدول العربية التي لم تسدد مساهماتها في تغطية النفقات الخاصة بفتح بعثة الجامعة العربية في العراق إلى الإسراع في القيام بذلك، وتقديم الشكر للدول التي قامت بتسديد مساهماتها.

18- الإدانة مجدداً للانتهاكات الخطيرة لحقوق الإنسان التي تمت أثناء احتلال دولة الكويت، وطمس الحقائق المتعلقة بالأسرى والمفقودين الكويتيين ورعايا الدول الأخرى الذين تم العثور على عدد من رفاتهم قتلى في المقابر الجماعية، والإعراب عن عميق التعازي لأسر الضحايا الذين جرى التعرف على رفاتهم والقلق لمحنة أولئك الذين لا يزال مكان وجودهم مجهولاً، والمطالبة ببذل كافة الجهود من أجل كشف مصير جميع المفقودين والأسرى الكويتيين ورعايا الدول الأخرى.

19- الطلب إلى اللجنة الوزارية الخاصة بالعراق متابعة جهودها وتعزيز الاتصالات مع مختلف الأطراف الإقليمية والدولية من أجل مساعدة العراق على تجاوز التحديات الراهنة.

الطلب إلى الأمين العام متابعة الموضوع وتقديم تقرير بشأنه إلى المجلس في دورته القادمة.

(2007/3/29)

ملحق (ب)

اتفاقية تيسير وتنمية التبادل التجاري بين الدول العربية

1981

اتفاقية تيسير وتنمية التبادل التجاري بين الدول العربية

1981

إن حكومات الدول الأعضاء في جامعة الدول العربية، انطلاقاً من إيمانها القومي بوحدة الأمـة العربيـة، وإدراكا منها لحيوية التكامـل الاقتصادي العربي كخطوة نحـو الوحـدة الاقتصادية العربية وكوسيلة أساسية لتعزيز التنميـة العربيـة الشاملة في إطار اقتصاد عربي متحرر متطور ومترابط متوازن.

وتحقيقاً لما نصت عليه المـادة الثانية من ميثاق جامعة الدول العربية من وجوب قيـام تعـاون وثيق بين دول الجامعة في الشئون الاقتصادية والمـالية بما في ذلك تسهيل وتوسيع نطـاق التبادل التجاري في مجالات الزراعـة والصناعة والخدمات المتعلقة بها .

وتنفيذاً لمـا ورد في المادتين السـابعة والثامنة من معاهـدة الدفاع المشـترك والتعـاون الاقتصادي بين دول الجامعة العربية .

واستنـاداً إلى قـرار المجلس الاقتصادي لجامعة الـدول العربية رقـم (712) 22 فبـرايـر (شباط) 1978 م بـوضع اتفـاقية جديدة لتسهيل التبادل التجاري بين دول الجامعـة تسـايـر الأوضـاع الاقتصادية المتطورة فـي الوطن العربي.

اتفقت فيما بينها على ما يلي :

فصل تمهيدي

تعاريف

المادة الأولى :

يقصد، لأغـراض هـذه الاتفاقية، بالكلمات والعبارات الواردة أدنـاه المعاني المبينة إزاءها، إلا إذا دل سياق النص على غير ذلك :

1-الاتفاقية :

اتفـــاقية تيسير وتنمية التبادل التجاري بين الدول العربية المعقودة بـين دول جامعـة الـدول العربية.

2-الدول العربية :

الدولة العضو بجامعة الدول العربية .

3- الدولة الطرف :

الدولة العربية التي تكون الاتفاقية نافذة بالنسبة لها .

4- المجلس :

المجلس الاقتصادي المنشأ بموجب المادة (8) من معاهدة الدفاع المشترك والتعاون الاقتصادي بـين دول الجامعة العربية الموافـق عليها مـن مجلس الجامعة في 1950/4/13م وأي تعديل يقع عليها .

5- الرسوم الجمركية والضرائب ذات الأثر المماثل :

الرسـوم التي تفرضها الدولة الطرف بمقتضى التعريفة الجمـركية عـلى السلع المستوردة، وكذلك الرسوم والضرائب الأخرى التي تفرضها على

السلع المستوردة ولا تخضع لها منتجات الدولة الطرف نفسها، أياً كان اسم هذه الرسوم والضرائب.

ولا يدخل في هذا التعريف الرسوم التي تجبى مقابل خدمة محددة مثل رسوم الأرضية أو التخزين أو النقل أو الشحن أو التفريغ .

6- القيود غير الجمركية :

التدابير والإجراءات التي قد تتخذها الدولة الطرف للتحكم في الواردات لغير الأغراض التنظيمية أو الإحصائية، وتشمل هذه القيود على وجه الخصوص القيود الكمية والنقدية والإدارية، التي تفرض على الاستيراد.

7- الدول الأقل نمواً :

الدول الأطراف التي يقرر المجلس اعتبارها كذلك.

الفصل الأول

في الأحكام

المادة الثانية :

تستهدف هذه الاتفاقية ما يلي:

1- تحرير التبادل التجاري بين الــدول العربية من الرسوم والقيــود المختلفة التي تفرض

عليها وفقاً للأسس الآتية :

أ- تحرير كــامل لبعض السلع والمنتجات العربية المتبادلــة بين الـدول الأعضــاء مـن الرسوم

والقيود المتنوعة المفروضة على المنتجات غير القطرية   .

ب- التخفيض التدريجي للرسوم والقيود المختلفة المفـروضة علـى بعض السلع والمنتجـات

العربية المتبادلة الأخرى .

ج- توفير حماية متدرجة للسلع والمنتجات العربية لمواجهة منافسة السلع غير العربية المثيلـة

أو البديلة .

د- تحديد السلع والمنتجات المشار إليها بالفقرات - (أ، ب، ج)، في ضـوء المعـايير الاسترشـادية

الواردة في المادة الرابعة أو تلك التى يقررها المجلس .

2- الربط المنسق بين إنتاج السلع العربية وتبادلها، وذلك بمختلف السبل، وعلــى الأخص

تقديم التسهيلات التمويلية اللازمة لإنتاجها .

3- تيسير تمويل التبادل التجاري بين الدول العربية وتسوية المدفوعات الناشئة عن هذا التبادل .

4- منح تيسيرات خاصة للخدمات المرتبطة بالتجارة المتبادلة بين الدول الأطراف.

5- الأخذ بمبدأ التبادل المباشر في التجارة بين الدول الأطراف .

6- مراعاة الظروف الإنمائية لكل دولة من الدول الأطراف في الاتفاقية وعلى الأخص أوضاع الدول الأقل نمواً منها .

7- التوزيع العادل للمنافع والأعباء المترتبة على تطبيق الاتفاقية.

المادة الثالثة :

تعتبر المبادئ المتفق عليها في الاتفاقية حداً أدنى للتعاون التجاري بين الدول الأطراف. ولكل دولة طرف حق منح ميزات وأفضليات أكثر لأية دولة أو دول عربية أخرى وذلك من خلال اتفاقات تعقدها سواء كانت ثنائية أو متعددة الأطراف .

المادة الرابعة :

يتم الاسترشاد في انتقاء السلع والمنتجات العربية المشار إليها في الفقرتين (3) و (5) من المادة السادسة وفي المادة السابعة، بواحد أو أكثر من المعايير الآتية :

1- أن تشغل السلعة مكاناً استراتيجياً في نمط الاستهلاك المشبع لحاجات السكان .

2- أن تتمتع السلعة بطلب كبير ومستمر .

3- أن تمثل قيمة ما ينتج من السلعة نسبة هامة في الناتج الإجمالي لإحدى الدول الأطراف .

4- أن تشغل السلعة مكاناً هاماً في علاقات التشابك في داخل الجهاز الإنتاجي لإحدى الدول الأطراف .

5- أن يؤدى نمو التبادل في السلعة إلى تزايد اكتساب القدرة التكنولوجية

وتوطين التكنولوجيا الملائمة وتطويرها.

6- أن تمثل السلعة أهمية تصديرية كبيرة بالنسبة لإحدى الدول الأطراف .

7- أن تكون السلعة هامة لتنمية إحدى الدول الأطراف وتواجه إجراءات تمييزية أو تقييدية شديدة في الأسواق الأجنبية .

8- أن يؤدى نمو التبادل في السلعة إلى تدعيم التكامل الاقتصادي العربي .

9- أن يـؤدى نمو التبادل في السلعة إلى تحقيق الأمن القومي بصفة عامة والأمن العسكري بصفة خاصة .

10- أية معايير أخرى يقرها المجلس .

المادة الخامسة :

لا يجـوز اللجوء للعقوبات الاقتصادية بين الـدول الأطراف في المجـال التجـاري الذي تنظمه الاتفاقية، إلا بقرار من المجلس الاقتصادي ولأسباب قومية عليا .

الفصل الثاني

في الأحكام الموضوعية

المادة السادسة :

تعفى السلع العربية التالية من الرسوم الجمركية والضرائب ذات الأثر المماثل ومـن القيود غير الجمركية المفروضة على الاستيراد :

1- السلع الزراعية والحيوانية سواء في شكلها الأولى أو بعد إحداث تغييرات عليها لجعلها صالحة للاستهلاك .

2- المـواد الخام المعدنية وغيـر المعدنية سـواء في شكلها الأولى أو في الشكل المناسب لها في عملية التصنيع .

3- السلع نصف المصنعة الواردة في القوائم التى يعتمدها المجلس إذا كانت تدخل في إنتـــاج سلع صناعية .

4- السلع التي تنتجها المشروعات العربية المشتركة المنشأة في إطار جامعة الدول العربية أو المنظمات العربية العاملة في نطاقها .

5- السلع المصنعة التي يتفق عليها وفقاً للقوائم المعتمدة من المجلس .

المادة السابعة :

1- يتم التفاوض بين الأطـراف المعنية بشأن التخفيض التدريجي في الرسـوم الجمركية والضرائب ذات الأثر المماثل المفروض على السلع العـربية المستوردة وذلك بالنسب والأساليب وفق القوائم التي، وافق عليها المجلس .

2- يكـون التخفيض النسبى متدرجاً، ولمدة زمنية محدودة تلغى بانتهائها جميع الرسـوم الجمركية والضرائب ذات الأثر المماثل المفروضة على

التبـدل التجاري بين الدول الأطراف .

3- مع عدم المساس بما نصت عليه الفقرتان 1 و2 من هذه المادة، تمنح منتجات الدول الأطـراف التي يقـرر المجلس أنها أقل نمواً، معاملة تفضيلية وفقاً للمعايير والحدود التي يقررها .

4- لأيـة دولة طرف الحق في منح أية ميزات إضافية لـدولة أو دول عربية أخرى بموجب اتفاقات ثنائية أو متعددة الأطراف سواء كانت طرفاً أو غير طرف في هذه الاتفاقية .

5- لا يجوز أن تمنح دولة طرف أية ميزة تفضيلية لدولة غيـر عـربية تفوق تلك الممنوحة للدول الأطراف .

المادة الثامنة :

1- يتم التفاوض بين الأطراف المعنية لغرض فرض حد أدنى موحد ومناسب من الرسوم الجمركية والضرائب والقيود ذات الأثر المماثل على السلع التي تستورد من غير الدول العربية وتكون منافسة أو بديلة للسلع العربية ويصدر بـذلك قـرار من المجلس، كما يتولى المجلس زيادتها تدريجياً من وقت لآخر بالتشاور مع الدول المذكورة ..

2- تقرر الدول الأطراف ميزة نسبية للسلع العربية في مواجهة السلع غير العربية المنافسة أو البديلة وتكون الأولوية في التطبيق للمشتريات الحكومية. ويحدد المجلس أوضاع تقرير الميزة النسبية وفقاً لظروف كل دولة أو مجموعة من الدول الأطراف مراعياً في ذلك على الأخص تقرير الميزة النسبية للسلع العربية المرتبطة بالأمن الغذائي أو الأمن القومي بصفة عامة.

3- وللمجلس أن يقرر أية إجراءات أخرى بما يتجاوز الحدود المشار إليها في هذه المادة وذلك لمواجهة حالات الإغراق وسياسات التمييز التي قد تتخذها الدول غير العربية.

4- إذا كانت منتجات الدول الأطراف لا تغطى احتياجات السوق المحلية للدول الأطراف المستوردة، فللأخيرة الحق في استيراد كميات من المنتجات المماثلة بما يسدد العجز مع احترام القيود المقررة طبقاً لأحكام هذه المادة.

المادة التاسعة :

1- يشترط لاعتبار السلعة عربية لأغراض هذه الاتفاقية أن تتوفر فيها قواعد المنشأ التي يقررها المجلس وألا تقل القيمة المضافة الناشئة عن إنتاجها في الدولة الطرف عن 40 في المائة من القيمة النهائية للسلعة عند إتمام إنتاجها. وتخفض هذه النسبة إلى 20 في المائة كحد أدنى بالنسبة لصناعات التجميع العربية. ويقوم المجلس بوضع جدول زمني لزيادة هاتين النسبتين تدريجياً.

2- يجوز لأية دولة طرف أن تطلب إلى المجلس خفض النسبة المشار إليها في الفقرة (1) من هذه المادة، إذا كانت السلعة ذات طبيعة إستراتيجية، أو ذات أهمية خاصة بالنسبة للبلد الطرف المنتج، وتكون موافقة المجلس محددة بفترة زمنية .

المادة العاشرة:

1- تشجيع الدول الأطراف من خلال سياستها النقدية والمصرفية التبادل التجاري بينها وتسهل توفير التمويل اللازم له وتوسيع قاعدته بشروط تفضيلية وميسرة .

2- يضـع صنـدوق النقـد العربي وفقاً لاتفاقيـة إنشائه النظـام المناسب لتيسـير تسويـة المدفوعات الناجمة عن التبادل التجاري بين الدول الأطراف كما يكلف بتقـديم المقترحات الخاصة بالسياسات المصرفية التي تخدم الغرض نفسـه إلى البنـوك المركزية ومؤسسات النقد العربية وفقاً لتوجيهات المجلس .

3- تحـث المؤسسـات المالية العربيـة المشتركة وفـق نظمها الخاصـة علـى تشجيع عمليـات التبـادل التجـاري بيـن الــدول الأطــراف وتيسـير وتقـديم التمويـل اللازم لها وتوسيع قاعدتها طبقاً لشروط تفضيلية ميسرة .

4- حــث المؤسسـة العربيـة لضمـان الاستثمار والمؤسسـات العربيـة المختصـة علــى تـوفير الضـمان اللازم للتبـادل التجـاري بيـن الـدول الأطراف وفـق شروط تفضيلية وحسب نظمها الخاصة.

الفصل الثالث

في الإشراف على تنفيذ الاتفاقية

المادة الحادية عشرة :

1- يتولى المجلس الإشراف على تنفيذ الاتفاقية، وله على الأخص :

أ) وضع وإصدار القوائم الجماعية للسلع المعفاة من الرسوم والضرائب ذات الأثر المماثل والقيود الجمركية .

ب) وضع وإصدار القوائم الجماعية للسلع التي تتمتع بتخفيض في الرسوم والضرائب ذات الأثر المماثل والقيود الجمركية .

ج) وضع وإصدار قوائم السلع غير العربية المنافسة أو البديلة للسلع العربية .

د) تحديد القواعد والأوضاع التي يتم بموجبها التخفيض التدريجي للــــرسوم والضرائب ذات الأثر المماثل والقيود الجمركية .

هـ) تحديد الدول الأطراف الأقل نمواً لأغراض هذه الاتفاقية .

و) دراسة شكاوى الـدول الأطراف الخاصة بما تواجهه من مشــــاكل التمييز في معاملاتها التجارية مع الدول الأخرى .

2- يصدر المجلس قـــراراته فيما يتعلق بأحكام هذه الاتفاقية بموافقة أغلبية ثلثي الدول الأعضاء .

3- للمجلس أن يشكل لجاناً يفوضها بعض اختصاصاته المشار إليها في هذه الاتفاقية .

المادة الثانية عشرة :

تتولى الإدارة العامة للشئون الاقتصادية بالأمانة العامة لجامعة الدول العربية إعداد تقرير سنوي يعرض على المجلس عن سير التجارة بين الدول الأطراف

في الاتفاقية والمصاعب التي تواجه التطبيق وسبل معالجتها والاقتراحات اللازمة لمواجهة ذلك .

الفصل الرابع

في تسوية المنازعات

المادة الثالثة عشرة :

تعرض المنازعات الناشئة عن تطبيق هـذه الاتفاقية على المجلس للفصل فيها وله أن يحيلها

إلى لجنة أو لجـان فرعية يفوضها بعض اختصاصاته، كما له أن يطبق بشأنها أحكـام تسوية

المنازعات الواردة في الفصل السادس من الاتفاقية الموحدة لاستثمار رؤوس الأموال العربية في

الدول العربية وملحقها ويحدد المجلس في كل حالة طريقة تسوية النزاع.

الفصل الخامس

أحكام ختامية

المادة الرابعة عشرة :

لا يجوز إعادة تصدير السلع والمنتجات التي يجرى تبادلها وفقاً لهذه الاتفاقية إلى أي بلد

آخر غير طرف إلا بموافقة بلد المنشأ .

المادة الخامسة عشرة :

يجوز لأيـة دولة طرف أن تطلب فرض بعض الرسوم والضرائب ذات الأثر المماثل أو القيود

الكمية والإدارية أو الاحتفاظ بالقائم منها وذلك بصفة مؤقتة لضمان نمو إنتاج محلى معين

على أن يقر المجلس ذلك وللمدة التي يحددها .

المادة السادسة عشرة:

- تتولى أجهزة الأمانة العامة لجامعة الدول العربية تجميع المعلومات اللازمة وتحليلها للتعرف على مسار التبادل التجاري بين الدول الأطراف وبينها وبين الدول الأخرى .

- وتلتزم الدول الأطراف بتوفير جميع البيانات التي تراها الأمانة العامة ضرورية لحسن تطبيق الاتفاقية .

المادة السابعة عشرة :

يتم تبادل السلع بين الدول الأطراف بشكل مباشر، وبدون وساطة طرف غير عربي .

المادة الثامنة عشرة :

تتعاون الدول الأطراف لتيسير النقل والمواصلات فيما بنيها بمختلف الوسائط على أسس تفضيلية وكذلك فيما يتعلق بتسهيل تجارة العبور المرتبطة بتبادل السلع العربية فيما بين الدول الأطراف .

المادة التاسعة عشرة :

تتعاون الدول الأطراف فيما بينها لتدعيم وتنسيق علاقاتها الاقتصادية والتجارية مع الدول الأخرى أو مع المنظمات والتكتلات الاقتصادية الدولية والإقليمية بشكل ثنائي أو مشترك، وتعمل على اتخاذ مواقف موحدة في المؤتمرات والندوات الدولية الاقتصادية بما يتفق مع مصالحها المشتركة .

المادة العشرون :

تراعى في تطبيق هذه الاتفاقية، أحكام ومبادئ المقاطعة العربية والقرارات الصادرة بشأنها من مختلف الجهات المختصة .

المادة الحادية والعشرون :

لا يجوز لأية دولة طرف أن تصدر تشريعاً أو قراراً يخالف أحكام هذه الاتفاقية أو يعطل تنفيذها.

المادة الثانية والعشرون :

- تودع الاتفاقية لدى الأمانة العامة لجامعة الدول العربية للتوقيع عليها .

- تعتبر الاتفاقية نافذة بعد ثلاثة أشهر من تاريخ إيداع وثائق تصديقها من قبل خمس دول عربية على الأقل .

- تتلقى الأمانة العامة للجامعة وثائق انضمام الدول العربية وتنفذ الاتفاقية بالنسبة لكل دولة منضمة بعد مرور شهر من تاريخ إيداع وثائق تصديقها .

- تتولى الأمانة العامة للجامعة إبلاغ الدول الأعضاء بإيداع وثائق التصديق لديها.

المادة الثالثة والعشرون :

لا يجوز لأية دولة طرف أن تنسحب من الاتفاقية إلا بعد مرور ثلاث سنوات على نفاذها بالنسبة إليها. ويكون الانسحاب بإشعار كتابي يوجه إلى الأمين

العام لجامعة الدول العربية. ولا يصبح سارياً إلا بعد سنة من تاريخ تبليغه بهذا الإشعار .

المادة الرابعة والعشرون :

يكون تعديل هذه الاتفاقية بموافقة ثلثي الدول الأطراف ويصبح التعديل نافذاً في حق الدول المصدقة بعد مرور شهر من إيداع وثائق التصديق على التعديل من قبل جميع الأطراف أو خمس دول على الأقل .

المادة الخامسة والعشرون :

1- يتولى المجلس اختصاصاته المنصوص عليها في هذه الاتفاقية حالماً يتم انضمام ثلثي الدول الأعضاء للاتفاقية وفي هذه الحالة لا يكون للدول غير الأطراف حق المشاركة في التصويت .

2- ولحين تحقق ما ورد في الفقرة السابقة يجتمع ممثلو الدول الأطراف الأعضاء بالمجلس في شكل هيئة تسمى (هيئة التجارة العربية) تتولى اختصاصات المجلس المنصوص عليها في هذه الاتفاقية .

3- تقوم الإدارة العامة للشئون الاقتصادية بالأمانة العامة لجامعة الدول العربية بمهام الأمانة الفنية للهيئة طبقاً لنظام داخلي تصدره الهيئة يتضمن تنظيم الشئون الإدارية للهيئة وتحديد مواردها وقواعد التصرف فيها .

حررت هذه الاتفاقية باللغة العربية في تونس يوم الجمعة الثاني والعشرين من شهر ربيع الثاني عام 1401 هجرية الموافق للسابع والعشرين من شهر شباط (فبراير) عام 1981 ميلادية من أصل واحد يحفظ بالأمانة

العامة لجامعة الـدول العربية وتسلم صورة مطابقة للأصل لكل دولة من الـدول الموقعة على الاتفاقية أو المنضمة إليها.

عن المملكة الأردنية الهاشمية

عن دولة الإمارات العربية المتحدة

عن دولة البحرين

عن الجمهورية التونسية

عن الجمهورية الجزائرية الديمقراطية الشعبية

عن جمهورية جيبوتي

عن المملكة العربية السعودية

عن جمهورية السودان الديمقراطية

عن الجمهورية العربية السورية

عن جمهورية الصومال الديمقراطية

عن الجمهورية العراقية

عن سلطنة عمان

عن فلسطين

عن دولة قطر

عن دولة الكويت

المحتويات

الفصل الثالث

سلـوك الدبلوماسية العربية تجاه الأزمـة العراقية في إطار النظام الإقليمي العربي

الفصل الرابع

الدبلوماسية العربية والأزمة العراقية في النظـام الدولي

Printed in the United States
By Bookmasters